THE VCST
MANAGEMENT WAY

CONECTANDO LA EFECTIVIDAD Y LA REALIZACIÓN

ISBN impreso: 979-8-8705294-3-1

Alejandro Serralde

Sobre el Autor

Alejandro es egresado del MBA del Ecole de Management de Lyon, Francia. Es un profesional que cuenta con más de 15 años de experiencia en corporativos internacionales en puestos de alta dirección y ha trabajado para organizaciones de capital privado, así como organizaciones públicas y gubernamentales en Australia, Europa, Estados Unidos y Latinoamérica.

Su energía y experiencia han transformado organizaciones a través de metodologías *lean*, mejora continua, transformación digital, y también ha dirigido ambiciosos proyectos de ingeniería e infraestructura. Tiene un asombroso récord en ayudar a negocios a alcanzar mejores resultados estratégicos al mejorar la productividad, competitividad y gestión del cambio.

En 2010, Alejandro se unió a la Organización Reddin, firma fundada por su padre y por W.J. Reddin. En 2015, de la mano de su padre, hizo un *spinoff* y cofundó **Reddin Assessments**, una empresa de herramientas gerenciales en línea que permite llevar el conocimiento de medio siglo a empresas en 3 continentes.

Alejandro es coautor del libro ***Los Siete Secretos de los Líderes Altamente Efectivos*** y también de ***Success: qué hacer (y dejar de hacer) para ser más exitoso en tu trabajo***, los cuales escribió con su mentor, el Dr. Robin Stuart-Kotze. También, es obra suya y de su padre, ***Medio Siglo de Efectividad Gerencial*** y ***Management Tomorrow*** y ahora ***The VCST Management Way***.

Alejandro Serralde

Alejandro Serralde

Comentarios

«Es un orgullo para mi que el libro se haya desarrollado con la colaboración del equipo gerencial de VCST. Estas ideas serán un legado para futuras generaciones en VCST».

Gerardo F. Álvarez

Gerente General, VCST

«Esta obra es una innovadora guía práctica que nos encamina hacia nuestra propia realización».

Susana De Jesús

Gerente de Recursos Humanos, VCST

«Este libro nos provee herramientas gerenciales que contribuyan a la generación de valor».

Roberto Bruner

Gerente de Ingeniería, VCST

«El contestar la pregunta ¿para qué? hace que nuestras actividades estén orientadas hacia un propósito».

Gustavo Guzmán

Gerente de Operaciones, VCST

Alejandro Serralde

Comentarios

«La convergencia entre la efectividad y la realización son el hito clave para llegar a la trascendencia».

Sergio López

Gerente de Ventas, VCST

«Este libro tiene la huella de VCST en cada página».

Agustín Galindo

Gerente de Mantenimiento, VCST

«Es una lectura que plasma el camino recorrido en VCST y un sendero hacia la efectividad».

Felipe Díaz

Gerente de Finanzas, VCST

«Este libro es un manual de subsistencia para la vida profesional y personal para lograr ser felices en lo que hacemos».

Pamela González

Gerente de Cadena de Suministro, VCST

«Un camino sencillo para lograr ser más efectivos».

Jessica Rodríguez

Gerente de Calidad, VCST

Alejandro Serralde

Dedicado a

Gerardo F. Álvarez

Por su impecable y ejemplar trayectoria profesional.
Además de contar con un sinfín de logros, gracias a su
pasión, muchos han aprendido a ser mejores gerentes.
Gerardo ha sido un extraordinario maestro.

Alejandro Serralde

¡Muchas gracias!

Todo mi agradecimiento a Susana De Jesús y a VCST por tantos años de colaboración y permitirme desarrollar a muchos de sus gerentes.

Gracias a Erick Oishi y Alejandra Maza de Design Center por su contribución gráfica y facilitar que nuestra ciencia sea conectada con el arte.

Finalmente, una persona muy especial en mi carrera, mi editora, Isabella Cuevas, por hacer un trabajo excepcional acomodando mis ideas en tiempo record. ¡Muchas gracias!

Alejandro Serralde

Índice de contenido

Alejandro Serralde

Alejandro Serralde

Prólogo

El capítulo de mi carrera profesional en VCST me enorgullece, porque me ha permitido encontrar una congruencia absoluta entre los valores organizacionales, las metas de negocio y la operación diaria de la compañía. VCST me ha permitido dar cauce a mi vocación de transformar procesos y sistemas humanos mediante un equipo de trabajo impecable, responsable de hacer que las cosas sucedan.

Desde la primera entrevista que tuve hace más de cinco años, fue para mí evidente que se trataba de una empresa transparente y auténtica. Estas características, poco fáciles de encontrar, me inspiraron a querer formar parte de esta familia, la cual agradezco y me entusiasma por el futuro.

Mi trabajo desde hace media década se ha centrado en la adaptación de metodologías robustas, acompañadas de procesos prácticos y sostenibles. Estas metodologías son exitosas si son fuentes de transformación cultural. Desde hace veinte años, aprendí que cualquier cambio en los sistemas humanos debe ser evaluado con parámetros de efectividad. Por tanto, si logramos vincular los proyectos de transformación y orientarlos hacia el mejoramiento del desempeño y además hacia la realización de los colaboradores, el resultado será exponencial.

Alejandro Serralde

Una enorme diferencia que encontré en VCST es el involucramiento que se tiene respecto a lo aprendido. Mientras en algunas organizaciones, existe un presupuesto para destrezas que se recicla cada año, en VCST esto funciona totalmente diferente.

He participado en un sinfín de cursos de comunicación efectiva que por lo general ofrecen un listado de mejores prácticas, y que uno olvida al siguiente mes. Sin embargo, cuando nos tocó desarrollar prácticas de comunicación efectiva y resolución de conflictos en VCST, integramos conceptos metodológicos que definen la línea de pensamiento para resolver diferencias. Se utilizó un método tecnocrático que abarca el epicentro del conflicto, las tácticas a utilizar, las principales barreras y el estilo a implementar. Estos conceptos, como tal, son lo suficientemente prácticos a la mano de todos.

En el transcurso de mi carrera, no había encontrado en empresas de manufactura, una con un genuino interés hacia el bienestar de las personas. En VCST, lo encontré y desde luego, el logro de resultados, es vital; sin embargo, hacerlo junto al crecimiento de las personas hace una gran diferencia. Además, descubrí que existen metodologías operativas que permiten la convivencia entre la efectividad y la realización en un mismo modelo. En otras palabras, las Áreas de Efectividad y las Áreas de Realización de una persona pueden conectarse a través de la libertad. Para esto, se requiere de un proceso que necesita mantenimiento contínúo.

Cuando pensamos que la libertad nos permite romper cualquier tipo de atadura, pensamos de manera diferente. La posibilidad de trascender en el plano personal y profesional al

Alejandro Serralde

mismo tiempo es algo que me gustaría seguir transformando en VCST.

La oportunidad de seguir contribuyendo al crecimiento de las personas es algo que me apasiona y que me permite seguir realizando mi aspiración. Es por esta razón que hemos construido *The* VCST *Management Way* para que las mejores ideas y de los mejores autores se puedan seguir implementando en VCST. Sin duda, este libro les ayudará a desarrollar las destrezas para seguir implementando principios fascinantes en un mundo de constantes cambios.

Susana De Jesús

Gerente de Recursos Humanos, VCST

Alejandro Serralde

Alejandro Serralde

1

¿La cultura se desayuna a la estrategia?

---

*«Los seres humanos sabemos
construir puentes, pero no siempre
sabemos cómo construir
organizaciones».*

W.J. Reddin

Peter Drucker, el padre del *management*, afirmó que la cultura se desayuna a la estrategia al hacer la ironía de que era más importante cuidar la forma de trabajar y hacer las cosas en una organización, que velar por su propia estrategia. Para ello,

15
Alejandro Serralde

propuso cinco preguntas clave (2008) para crear mejores hábitos culturales. Por muy básicas que son, no necesariamente todas las personas de una misma organización las tienen claras. Estas preguntas hacen referencia a:[1]

1. ¿Cuál es nuestra misión?
2. ¿Quiénes son ahora nuestros clientes?
3. ¿Qué llegan a valorar ahora nuestros clientes?
4. ¿Qué resultados se esperan?
5. ¿Cuáles son los planes?

Cuando estas preguntas las trabajan los equipos de trabajo y las respuestas son consensuadas, se produce una alineación extraordinaria. Jim Collins (2001), autor del libro *Good to Great*, además sugiere que las respuestas estén acompañadas de prácticas que promuevan la disciplina,[2] pues es el motor central de cualquier organización.

El conocimiento de éstas preguntas, conduce directamente a una mejor comprensión de los fenómenos organizacionales y por supuesto facilita la indagación de áreas de mejora. Todos los autores y escuelas que he estudiado resumen a la cultura como la forma de hacer las cosas inspirada, entre otros, por sus gerentes.

Es por ello que a menudo se asocian los programas de cambio y desarrollo organizacional con cambios de cultura organizacional, pues a través de ellos se lleva a los gerentes a identificar la cultura de su organización, a cuestionarla y a

---

[1] Peter Drucker, «The Five Most Important Questions You Will Ever Ask About Your Organizations», *Jossey Bass*, 2008.
[2] Jim Collins, «Good to Great», *Harper Collins*, 2001.

Alejandro Serralde

proponer aquella que resulte más apropiada en el mediano y largo plazo.

¿Dónde tiene su origen la cultura?

Estos son algunos de los atributos que hemos identificado que pueden influir en la cultura de una organización y de los que posiblemente en VCST, algunos de ustedes han sido testigos:

Estilo del máximo dirigente: la manera de pensar del máximo dirigente sobre la forma en que debe dirigirse una organización y la manera en que actúa con sus propios colaboradores. En organizaciones grandes, los gerentes regionales o divisionales fungen el papel del máximo dirigente.

Estilo del fundador: el impacto del fundador puede ser efectivo por años y por siempre. Esto es particularmente notable en los grupos religiosos, pero también está presente en las empresas familiares.

Grupo dominante: algunos comités ejecutivos de empresas están constituidos básicamente por uno de los siguientes tipos: actuarios, ingenieros, contadores, vendedores, mercadólogos, etc.

Familia dominante: la familia de fundadores o una familia dominante dentro de la organización puede ejercer una influencia profunda.

Tecnología: la cultura de la organización depende en cierto grado de la tecnología, pero, también depende de los cambios en los procesos y procedimientos.

Alejandro Serralde

Otras influencias importantes pueden ser el tamaño, la proporción de gerentes y la propia estrategia organizacional.

¿Qué cultura prevalece en VCST?

La cultura organizacional puede ser identificada rápidamente mediante las respuestas a las siguientes preguntas:

- ¿Qué tipo de gerentes progresan?
- ¿Qué comportamiento tiene mayor probabilidad de ser recompensado? ¿Qué se considera una recompensa?
- ¿Qué comportamiento no se promueve?
- ¿Qué se considera como castigo?
- ¿Cuán amplias son las diferencias de estatus entre los diversos niveles?
- ¿Cómo se manejan los errores?
- ¿Cómo se toman las decisiones?
- ¿Cómo y qué es la red de comunicación? ¿Qué es un nivel de desempeño aceptable?
- ¿Confía la gente entre sí?
- ¿Qué tan fácil es cambiar las cosas?

La interpretación de la cultura se simplifica cuando se utiliza como marco de referencia una teoría, ya que con un concepto como base es más fácil comprender la orientación de una organización para identificar su estado actual y determinar así la distancia que la separa del estado deseado.

Mediante la modificación de la cultura organizacional es factible aumentar la velocidad de respuesta de una organización, lo que impacta el desempeño gerencial. Enfocado desde el ángulo opuesto, una cultura organizacional

Alejandro Serralde

inadecuada influye de forma negativa en el desempeño gerencial y en la capacidad de logro de los resultados de la organización.

La mejor vía para tener un cuadro realista de la cultura organizacional propia es poner en manos del equipo gerencial superior un marco conceptual teórico, herramientas diseñadas con base en tal marco, espacio y tiempo para que a través de una discusión honesta logren un acuerdo sobre el estado presente.

VCST tiene una cultura orientada a la eficiencia de procesos y a lograr lo que se propone, lo que se asemeja mucho a factores culturales de la industria. Desde mi propia óptica, algo que distingue a VCST, es el énfasis en el desarrollo de las personas: no son una máquina que se deprecia con el tiempo. En VCST, las personas se consideran elementos fundamentales valorados en el tiempo en función de sus destrezas. (son activos apreciables y no se deprecian como las máquinas)

En una reciente entrevista con Gerardo Álvarez, él me comentó que desde su perspectiva, los siguientes atributos describen la cultura en VCST: [3]

a. <u>Visión a largo plazo</u>: la estrategia anual está ligada a la misión y a los valores de la empresa.
b. <u>Cultura organizacional de desempeño</u>: un grupo numeroso (por no decir todos) son efectivos en el logro de objetivos.

---

[3] Álvarez, Gerardo. Entrevista personal. Noviembre de 2023.

Alejandro Serralde

c. <u>Organización a prueba de futuro</u>: son capaces de crecer al satisfacer los retos futuros del mercado y enfrentar las nuevas tecnologías.

d. <u>Diversidad en el pensamiento</u>: consiste en incluir diferentes líneas de pensamiento. Sin que esto implique una afición por las modas, en VCST se buscan diversos métodos para tomar decisiones.

e. <u>Crecimiento sostenible</u>: es una organización que le apuesta a la inversión.

f. *'Great Place to Work'*: no solamente por la certificación sino porque en realidad VCST es un buen lugar para trabajar.

¿Cuál es la aspiración cultural de VCST?

Para encontrar algunas aspiraciones, una pregunta que suelo hacer es: ¿qué cambios nos gustaría tener en la forma de hacer el trabajo sin sacrificar el logro de resultados hasta ahora? Infelizmente, me he topado en mi carrera como consultor, a personas idealistas que dejan de contextualizar el tipo de negocio en el que están y dejan de contextualizar el mercado al que atienden. Simplemente eligen palabras rimbombantes que visten sus paredes para las visitas de proveedores y clientes.

Alejandro Serralde

Este no es el caso de VCST, ni tampoco de Gerardo, quien tiene además muy bien identificados cuatro atributos que le gustaría sembrar como parte de su legado y que están ligados a lo siguiente:

g. <u>Aprendizaje de cambio</u>: en el mundo en el que vivimos donde la velocidad del cambio se ha multiplicado, es necesario ver al cambio como un proceso de aprendizaje diario.

h. <u>*Walk the talk, talk the walk*</u>: no solamente apostarle a la efectividad organizacional, sino a la congruencia del logro de resultados.

i. <u>Flexibilidad del liderazgo</u>: los negocios en continuo movimiento requieren de congruencia entre el liderazgo y el cambio.

j. <u>*'Great Place to Perform'*</u>: trabajar en VCST debe ser un pasaje de la vida que provea la realización de los individuos.

¿Estás alineado con la aspiración cultural de VCST frente al futuro? Esta es una pregunta que bien podría valer la pena una buena reflexión. <u>Si la aspiración cultural de VCST no se parece a tu propósito profesional, quizás es mejor buscar una opción diferente para tu vida.</u> Si estás alineado con la aspiración cultural de VCST frente al futuro, ¿cómo piensas contribuir a ello?

Malcolm Gladwell dice: «Para volverte experto en algo requieres de 10,000 horas de práctica».[4] Este libro resume nuestras horas de vuelo y las horas de vuelo de Gerardo, y del equipo Gerencial de VCST para que tú las puedas aprovechar y así servir con mayor aspiración cultural a VCST.

---

[4] Gladwell, M., *Outliers: The story of success*, Penguin Books, 2008.

Alejandro Serralde

2

Áreas de efectividad vs. *Key Performance Indicators*

«El trabajo de un gerente es crear valor, tomar decisiones y elevar la efectividad de sus equipos».

W.J. REDDIN

Recién comienza un capítulo que busca retar lo que hasta ahora has aprendido. ¿Estás listo?

Las <u>Áreas de Efectividad</u> son un concepto gerencial desarrollado por W.J. Reddin para liberar y crear condiciones de contribución de valor frente a una cultura organizacional de

Alejandro Serralde

desempeño, y esto forma parte de los elementos culturales de VCST.

Si bien parece un método de evaluación en una primera fase, las personas descubren cómo medir el fruto del esfuerzo. También, es cierto que reduce muchos de los miedos que se adquieren en el trabajo.

Desde mis perspectiva como consultor, existen tres grados de dominio en las Áreas de Efectividad:

- Nivel 1: la persona gana consciencia sobre sus propias Áreas de Efectividad y sabe presupuestar sus propios objetivos. Después de un tiempo, hasta puede retar sus propias Áreas de Efectividad.
- Nivel 2: la persona gana destreza para organizar a su equipo por Áreas de Efectividad. Además, sabe enseñar estos conceptos para que otros puedan implementarlos.
- Nivel 3: la persona gana destreza para influir horizontalmente (en otros equipos), y a través de las Áreas de Efectividad hace cambios para reducir posibles fricciones en el tiempo.

Si bien estos conceptos suenan de gran valor, algunas personas se sienten más cómodas con conceptos que han aprendido previamente o con terminologías que les producen mayor familiaridad. Por ejemplo, los *Key Performance Indicators* (KPIs) son frecuentemente utilizados en la industria y en organizaciones basadas en la continua optimización de recursos y procesos. Sin embargo, ¿en qué se diferencian las Áreas de Efectividad?

Alejandro Serralde

A continuación, algunas diferencias entre Áreas de Efectividad y *Key Performance Indicators* (KPIs):

Áreas de Efectividad	KPIs
Son una filosofía.	· Es una técnica.
· Crear conciencia para medir la contribución del ser humano.	· Crean hábitos para medir cosas.
· Habiendo conseguido el qué, ¿podríamos decir que fuimos efectivos?	· ¿Cómo medimos esto?
· Simplifican el camino con preguntas.	· Satisfacen una necesidad procedimental.
· Retan mucho al individuo porque lo llevan a cuestionar.	· Crean una afición por buscar infinidad de indicadores.
· Los gerentes con las áreas de efectividad correctas sienten todo bajo control.	· Los gerentes con cientos de KPIs sienten que todo funcionará.

Alejandro Serralde

Las Áreas de Efectividad se centran en el qué, no en el cómo.

Desde 1970 y en su libro *Managerial Effectiveness*, el cual fue traducido a más de 20 idiomas, W.J. Reddin define a la efectividad como el eje central en la gerencia. Es el grado de cumplimiento de los resultados esperados de la posición. <u>Ese es el único trabajo de un gerente: la efectividad.</u>

Para poder hablar de efectividad, es necesario estar claro sobre los resultados. No tiene que ver con indicadores de múltiples cosas, ni con medir absolutamente todo, sino con los resultados más relevantes para enfocarse.

Después de una carrera sobresaliente en *Ford Motor Company* y posteriormente en Cummins, ambas de cultura estadounidense enfocadas en la disciplina, la calidad, la manufactura esbelta y en lo que se debe hacer, Gerardo pensó, «Cuando llegue a ser director, evitaré que otros sufran, lo que yo sufrí». Cuando me comentó esto, no se me hizo nada raro, pues he conocido a muchos profesionales frustrados por culturas basadas en un deber ser muy exigente. Basta con ver la película *Ford vs Ferrari*, y observar la pleitesía que le rendían a ambas familias (no solo a la familia Ford). Cuando se da una orden, se tiene que hacer lo que sea, por acatarla.

Gerardo tuvo la oportunidad de participar en un Laboratorio de Efectividad Organizacional de Reddin Assessments sobre el que comentó: «A través de mi desarrollo profesional, he asistido a varios y diversos entrenamientos de liderazgo y nunca había visto la diferencia entre la <u>eficiencia</u> y la <u>efectividad</u> como la abordamos en el Laboratorio. La efectividad se enfoca en hacer lo correcto y si además esto se fortalece con la realización, podemos realmente construir una cultura en donde la gente pueda ser feliz y la empresa efectiva».

Alejandro Serralde

Esta diferencia, a la que Gerardo se refiere, entre la **efectividad** y la **eficiencia**, es la principal diferencia entre Áreas de Efectividad (AEs) y *Key Performance Indicators* (KPIs). Ambos están compuestos por Métodos de Medición (MMs). Sin embargo, los Métodos de Medición tienen una orientación diferente. Un Método de Medición (MMs) representa el/la

- \# de algo
- % de algo
- \# de algo dividido entre # de algo más
- Índice de algo
- Retroalimentación de algo (aunque esto no nos gusta)
- $ de un periodo

Si bien, en las AEs y los KPIs, ambos utilizan Métodos de Medición, cuando éstos provienen de Áreas de Efectividad, se han hecho muchas preguntas de profundidad. Por tanto, el Método de Medición está orientado a la creación de valor.

Alejandro Serralde

The VCST *Management Way*

Supongamos el siguiente ejemplo de AEs vs. KPIs, en las que hemos integrado en paréntesis el Método de Medición (MMs):

<u>Áreas de efectividad:</u>	*<u>Key Performance Indicators</u>*
Maquinarias disponibles (# de horas de paro de las máquinas)	Mantenimiento de las máquinas (# de horas para hacer el mantenimiento)
Ventas realizadas ($ de ventas)	Hacer llamadas telefónicas (# de llamadas por hora)
Cambio de conducta del personal (% de colaboradores que han mejorado su efectividad)	Plan de entrenamiento realizado (# de capacitaciones por año)

En el ejemplo anterior, se puede identificar claramente cómo del lado izquierdo (Áreas de Efectividad) se expresa lo que se logra y del lado derecho (*Key Performance Indicators*) lo que se hace. Lo difícil es que en la mayoría de las ocasiones, los KPIs sí están orientados a actividades que después pueden conducir a resultados, por esto resulta tan difícil la diferenciación.

Al descubrir esto, a veces, los gerentes se obsesionan con medir todo y encuentran una justificación para agregar más y más; sin embargo, la mayoría de las veces son demasiados y no agregan valor.

Alejandro Serralde

Es conveniente que cada persona en VCST tenga claro algunas de las siguientes premisas de la efectividad:

- ¿Qué habrás conseguido si fuiste efectivo?
- ¿Cómo podríamos resumir que añadiste valor a la organización?
- ¿Son estos los resultados esperados de tu posición o son de alguien más?
- Habiendo sido efectivo, ¿cómo podrán tus colegas ser efectivos?
- ¿Esta semana estarás agregando valor a tus Áreas de Efectividad si las inviertes de esta manera?

A diferencia de otros autores, W.J. Reddin creó esta práctica previa al establecimiento de objetivos. A continuación, la diferencia:

Iniciar con Áreas de Efectividad la planificación	Iniciar con objetivos la planificación
¿Qué quiero lograr?	¿A dónde quiero llegar?

El qué quiero lograr siempre permite comenzar con una síntesis de cómo se visualizará el éxito si fuiste efectivo. En el mundo de las metas, suele suceder que una vez que estableciste el rumbo, te das cuenta que no lograste nada al llegar al destino final.

Uno de los grandes beneficios de iniciar con el qué, es que es mucho más fácil definir el cuánto, el cuándo y el cómo. Por esta razón, W.J. Reddin en su propuesta, después de

Alejandro Serralde

establecer las Áreas de Efectividad (AEs), propone elaborar los Métodos de Medición (MMs).

Hasta ahora, hemos establecido las Áreas de Efectividad (AEs) y los Métodos de Medición (MMs), luego corresponde definir el **cuánto del qué**, es decir, el objetivo (O). La ventaja de haber iniciado con AEs es que el objetivo, por su naturaleza, es SMART lo que implica que es específico, medible, alcanzable, realista y de duración limitada.

Al establecer Áreas de Efectividad (AEs), Métodos de Medición (MMs) y Objetivos (Os), la organización del esfuerzo tiene coherencia. En este momento, es cuando se puede iniciar entonces con la planificación. Se han establecido los parámetros estructurales. Posterior a esto, viene el ejercicio de planificar:

- ¿Qué obstáculos te toparás en el camino?
- ¿Con qué estrategias piensas mitigar los obstáculos en el camino?
- ¿Qué actividades clave piensas ejecutar?

Si el sistema (AEs, MMs, Os) es evaluado de forma continúa y tanto las estrategias como las acciones clave lo son con frecuencia, el aumento de la efectividad real es casi una garantía.

George Shaw dijo en alguna ocasión que el único problema del cristianismo es que no ha sido implementado. Tal vez en los negocios, igual que en la religión, somos muy buenos en intentos y en esfuerzos, pero ¿qué pasa con los resultados?

Hace algunos años, conocí en San Francisco a John Doerr, autor del libro más exitoso del *New York Times, Measure*

Alejandro Serralde

What Matters. Como lo explica su libro, los resultados originan un problema sistemático, cuya causa es la falta o exceso de foco, orientación al riesgo sin responsabilidad, exceso de individualismo y promoción de la falta de cooperación.

John Doerr fue discípulo de Andy Grove, uno de los más aclamados CEOs de Intel. Andy Grove (1995), autor de *High Output Management,* solía decir: «Hay muchas personas que trabajan muy duro y logran muy poco».[5] Por eso, desarrolló una fórmula: Resultados / Tiempo = **L** (Actividad / Tiempo. La **L**) significa, en inglés, *leverage*, lo que equivale a apalancamiento de la actividad. Él decía que este apalancamiento proviene de las técnicas gerenciales y de la planificación. Por su parte, W.J. Reddin expresó estas mismas ideas con una terminología diferente. Grove fue aclamado por el desarrollo de sus técnicas gerenciales que pueden ser implementadas en cualquier tipo de posición.

Ahora de vuelta con John Doerr, su metodología y tecnología de organización, planificación, y colaboración han sido una sensación en el mundo de Sillicon Valley. Un gran aprendizaje que obtuve de John y del cual siempre estaré agradecido: los sistemas para establecer resultados son, en sí, una vía para estimular el diálogo y la colaboración.

Entonces, ¿es la efectividad más importante que la eficiencia?

Gerardo trabajó muchos años en *Ford Motor Company*. Vivió en carne y hueso extraordinarias prácticas de eficiencia. Por ejemplo, estudió con profundidad a Edward Deming, quien para muchos es el padre de la calidad. Las prácticas de calidad

---

[5] Andrews S. Grove., «High Output Management», *Vintage Books*, 1995.

Alejandro Serralde

crearon cultura de calidad en *Ford Motor Company* y si no hubiese sido así, posiblemente la compañía hubiese fracasado. La eficiencia permite generar disciplina hasta crear una práctica de trabajo, lo que después se estandariza y se puede replicar. Por lo general, ésta forma de trabajo se convierte en el ADN de las personas.

Durante la estancia de Gerardo en Cummins, donde inició con 280 colaboradores y 8 años después tenían una plantilla de 1,500 colaboradores, se establecieron buenas prácticas a través de la eficiencia. El crecimiento de personal es mucho más sencillo cuando existe un ADN de trabajo. Todo lo anterior es muy positivo y ninguna cosa es más importante que la otra.

Sin embargo, en mi experiencia, llega un punto en la ecuación en el cual la optimización para hacer y crear algo mejor no es posible. Existe un vértice en la eficiencia en el que esta llega a su fin. Entonces, es necesario un cambio de enfoque. Conviene combinar prácticas de efectividad y de eficiencia para crear un maridaje muy rentable y útil. Son justamente las preguntas profundas que vale la pena realizar para considerar el presente y el futuro.

Alejandro Serralde

Tipos de Áreas de Efectividad

Empresariales

Se refieren a las <u>Áreas de Efectividad</u> del nivel empresarial que tienen que ver con la empresa en su conjunto, y son formuladas por el equipo gerencial de más alto nivel. Tienden a ser a largo plazo (cinco años) y pueden referirse a:

- Retorno de la inversión de los proyectos
- Posición en el mercado
- Niveles de efectividad
- Nuevas soluciones tecnológicas
- Capital humano competente
- Relaciones gubernamentales productivas
- Rentabilidad de la compañía
- Expansión del negocio
- Flexibilidad organizacional
- Responsabilidad corporativa
- Nuevas líneas de negocio

Divisionales

Las <u>Áreas de Efectividad</u> departamentales o divisionales se refieren a lo que puede contribuir una unidad menor de una organización en particular. Pueden estar relacionadas con la contribución a las gerencias, con el cumplimiento a las demandas de producción o de servicio y con la integración del papel de un departamento y sus áreas con las de los otros departamentos.

Alejandro Serralde

Existen divisiones, por ejemplo, que de la misma manera contemplan:

- Efectividad del equipo directivo de la división
- Velocidad de respuesta
- Cumplimiento normativo de la división
- Nuevas soluciones tecnológicas de la división
- Calidad del servicio
- Eficiencia de los procesos operacionales

Gerenciales

Se refieren a las <u>Áreas de Efectividad</u> de cada uno de los gerentes que forman parte de un equipo de una organización. A continuación, daremos algunos ejemplos de <u>Áreas de Efectividad</u> de algunos roles gerenciales que se presentan en la siguiente página.

Alejandro Serralde

The VCST *Management Way*

Roles de Producción

- Niveles de calidad
- Tiempo de entrega
- Niveles de producción
- Desperdicios
- Rechazos
- Niveles de inventario
- Costos de personal
- Costos de materia Prima
- Seguridad
- Utilización de la maquinaria

Roles de Marketing

- Costo de publicidad
- Nuevos mercados
- Nuevos clientes
- Mercados nuevos penetrados
- Canales de distribución exitosos
- Rentabilidad de las campañas
- Estrategias de marca

Roles de Recursos Humanos

- Talento disponible
- Costo de adquisición de talento
- Sucesión
- Equidad en los salarios
- Políticas en funcionamiento
- Información disponible
- Cambio de comportamiento

Roles de Contabilidad

- Costo de capital
- Flujo de caja disponible
- Información disponible
- Ahorros
- Eficiencia en pagos
- Auditoría

Alejandro Serralde

Roles Cadena de Suministro

- Productos en sitio
- Costo de distribución
- Disponibilidad de productos
- Reclamos
- Pedidos pendientes

Control de Calidad

- Estándares de calidad
- Niveles de calidad
- Costos del control de calidad
- Políticas en funcionamiento

Roles de Finanzas

- Rentabilidad del capital
- Costo de capital
- Información financiera disponible
- EBITDA
- Exactitud de los presupuestos

Roles de Atención a Cliente

- Productividad en la llamada
- Eficiencia en la ejecución
- Satisfacción del cliente

Tecnología de Información

- Soluciones disponibles
- Utilización de la tecnología
- Costos de tiempo muerto
- Calidad de las soluciones

Roles de Auditoría

- Calidad de la auditoría
- Productividad de las auditorías
- Reincidencias
- Costo de las auditorías
- Información

Alejandro Serralde

Roles de Relaciones Públicas	Roles de Ventas
• Información corporativa disponible • Imagen corporativa • Menciones disponibles • Efectividad en manejo de crisis	• Niveles de venta • Nuevos territorios • Venta de nuevos productos • Productividad • Rotación de productos • Costo de ventas

Alejandro Serralde

¿Es importante el número de Áreas de Efectividad?

Puestos con demanda repetitiva

Existen algunos puestos que tienen un pronóstico recurrente de carga de trabajo, ya que tienen un ciclo. Por ejemplo, las posiciones contables todos los meses tienen un cierre y todos los años también. Es posible, entonces, para un puesto gerencial integrar entre un mínimo de cinco Áreas de Efectividad y un máximo de ocho. La repetición del trabajo, con seguridad, permitirá incluir Áreas de Efectividad vinculadas al talento humano y además optimizar procesos. A continuación un ejemplo de una gerencia financiera, en el que las primeras seis Áreas son del rol, una es para la optimización de procesos y dos de gente:

- Aseguramiento en las proyecciones financieras (% de desviación entre lo proyectado y lo real)
- Disponibilidad de los estados financieros (% de cumplimiento en las entregas prometidas)
- Disponibilidad de flujo de efectivo (% de cobertura de los compromisos de pago)
- Cumplimiento impositivo ($ multas por incumplimiento)
- Rentabilidad de las inversiones del efectivo ($ de las inversiones)
- Optimización en los procesos del departamento (tiempo de ahorros en tiempos por la optimización de los procesos)
- Efectividad del equipo de finanzas (% de colaboradores que logran en su totalidad sus objetivos)

Alejandro Serralde

- Nuevas competencias en el equipo de finanzas (% de colaboradores que se han certificado en las nuevas legislaciones)

Este es un buen ejemplo, ya que al ser una gerencia financiera, el énfasis en las destrezas del equipo son un foco importante del rol. Sin duda, hay gerencias financieras, que posiblemente no tienen gente a cargo y por tanto, las Áreas de Efectividad están mucho más vinculadas a la operación.

Puestos con demanda impredecible

Existen algunos puestos que tienen un pronóstico poco repetitivo. Por ejemplo, el trabajo que hace un gerente comercial cuando tiene que generar la demanda para conseguir nuevos clientes. Si la demanda es impredecible y existe incertidumbre, posiblemente con cuatro o cinco Áreas de Efectividad sea suficiente. Es válido llegar a la síntesis de qué ventas son ventas; sin embargo, uno puede amplificar el foco para diversificar el riesgo. A continuación, un ejemplo:

- Venta de nuevos clientes ($ de los nuevos clientes)
- Fidelidad de los clientes existentes ($ de ingresos recurrentes)
- Ventas en nuevo territorio (% de las ventas totales que se vendieron en el nuevo territorio asignado)
- Crecimiento de los productos tipo A (% de crecimiento de los productos tipo A)
- Productividad en la generación de demanda (# de prospectos generados por mes)

Como se puede observar, cuatro de las cinco Áreas de Efectividad están vinculadas con ventas; pero, los focos son distintos. No es solo uno. Uno podría siempre cuestionar que la productividad es un insumo y no un resultado y sería una discusión válida. No obstante, en este caso es importante, porque la venta no es instantánea.

¿Cómo saber si elegí el número exacto?

Mi consejo es usar los mismos principios que cuando le enseñamos a un niño a esquiar. Antes de poder esquiar, se requieren ciertas condiciones, y lo mismo aplica a la efectividad gerencial.

- <u>Primero</u> el niño debe saber qué es esquiar; por consiguiente, el gerente debe saber qué es la efectividad y que se trata de algo medible.
- <u>Segundo</u>, el niño debe estar consciente que en ese momento no puede esquiar. En este caso, el gerente debe estar consciente que puede incrementar su efectividad, y si cree que está trabajando con una efectividad óptima, no llegará a ningún lado.
- <u>Tercero</u>, el niño debe pensar que puede aprender a esquiar, y en su caso, el gerente debe pensar que puede aprender cómo volverse efectivo.
- <u>Cuarto</u>, el niño debe creer que obtendrá satisfacción al saber esquiar, y el gerente debe creer que obtendrá satisfacción y recompensa al ser efectivo.

En el desarrollo de nuestras <u>Áreas de Efectividad</u>, entonces se vuelve importante saber identificar, ¿qué situaciones están presentes hoy? ¿Nuestros gerentes saben lo que es la efectividad? ¿Piensan que pueden ser efectivos? ¿Creen que encontrarán satisfacción y recompensa al ser efectivos?

Veámoslo desde otro punto de vista. Muchos de nosotros podemos crear un puesto subordinado, y asignarle las <u>Áreas de Efectividad</u> que deseemos. ¿Sabemos lo que esto significa? ¿Significa que nuestros propios trabajos son

Alejandro Serralde

totalmente flexibles? Son flexibles porque podemos hacer de ellos lo que queramos, incluso podemos delegarlos. Si somos gerentes introspectivos, podemos convertirnos en gerentes extrovertidos. Si somos detallistas, podemos convertirnos en hombres de mente abierta. ¿Hemos usado correctamente nuestra inherente flexibilidad?.

Algunos estarán pensando en este momento, «Todo esto está muy bien pero, para mi jefe...» Tal vez la mejor manera de cambiar a nuestros jefes es siendo efectivos en nuestro trabajo, tal como lo visualiza él o ella. Sin duda pensamos que los jefes están equivocados; pero por regla general, las compañías no promueven a la gerencia a personas no aptas. ¿Le hemos dado la oportunidad? ¿Hemos hecho lo posible por hacerlo efectivo a él o ella?

¿Cuál es el precio de no adoptar los conceptos de Áreas de Efectividad?

Los aviones vuelan, los puentes se sostienen, las compañías sobreviven, las revistas se publican, la gente sobrevive en las organizaciones, ¿pero a qué precio? En el mundo de los negocios, es cada día más difícil sobrevivir.

Las compañías cierran sus puertas cada vez más rápido, más gente trabaja por menos sueldo, y hay menos interés y orgullo en el trabajo. La gente trabaja por debajo de su potencia real; los países se vuelven menos competentes.

Mediante las Áreas de Efectividad, obtendremos con mayor rapidez horas flexibles de trabajo, mayores ingresos, menos trabajos empobrecidos y más creatividad. Obtendremos pensiones justas y si lo deseamos, una vida de trabajo más corta y más placentera.

Las Áreas de Efectividad no son un concepto unilateral, ya que se trata de creación de valor y es para toda la vida. Consiste en «utilizar los recursos productivamente, gastar menos y hacer del trabajo algo que se pueda disfrutar y que valga la pena». Las Áreas de Efectividad no se diseñaron con el objetivo de esclavizar el trabajo o controlar a la gente. Tampoco están orientadas únicamente para generar mayores utilidades en los negocios. Simplemente, las Áreas de Efectividad buscan medir a los gerentes sobre las bases que le permiten construir valor en su posición.

La mayoría de los gerentes no están involucrados con las utilidades sino con la sobrevivencia. En otras palabras, no es la utilidad lo que los motiva sino sobrevivir. A través de las Áreas de Efectividad, se aprende a usar los recursos de forma adecuada. En el caso de los gerentes de VCST, ellos no son solo los gerentes de una empresa, también lo son de los habitantes de un país. El gobierno no tiene esta responsabilidad, ni la tienen tampoco los servicios sociales, ni la iglesia, ni el ejército, ni los educadores. Los gerentes son los únicos responsables de crear beneficios dentro de los límites señalados por el gobierno. Los recursos se desperdician y los países se empobrecen si los gerentes no son efectivos. La sociedad se beneficia si los gerentes son efectivos.

Mi mensaje es claro: es necesario de forma imperiosa aplicar el intelecto y el raciocinio en el diseño de mejores condiciones a través de las Áreas de Efectividad. Si estamos de acuerdo en llevarlo a cabo, la mayoría de nuestros problemas tanto humanos como de otra naturaleza se resolverán por sí mismos. Habrá menos ataques al corazón, úlceras, gente «que sufre de la cultura» como lo ha mencionado previamente Gerardo. Seamos claros como el agua en cuanto a los

Alejandro Serralde

resultados que se esperan de cada puesto, y entrenemos y motivemos a la gente para que los logren.

Tal vez estas palabras nos hagan pensar un poco en la efectividad gerencial. ¿Qué tal si decidimos ser más efectivos en el presente? Esa es una responsabilidad que ustedes han aceptado al trabajar en una organización como VCST. ¿Qué tal si cumplimos con ella?

Alejandro Serralde

3

¿Cómo elaborar mis Áreas de Efectividad?

«Las actividades limitan a los gerentes, las Áreas de Efectividad, los liberan».

W.J. Reddin

La efectividad la podríamos clasificar en tres: efectividad gerencial, mencionada anteriormente, a través de las Áreas de Efectividad, efectividad aparente y efectividad personal.

La <u>efectividad aparente</u> es un conjunto de cualidades, algunas importantes para la tarea, pero posiblemente no vitales para materializar el esfuerzo. Estas incluyen la puntualidad, contestar correos rápido, tomar decisiones de

Alejandro Serralde

manera inspiradora o escribir muy bien. La efectividad aparente no lleva a la generación de resultados para mejores condiciones futuras. Algunas organizaciones erróneamente utilizan estos criterios para evaluar la efectividad.

La <u>efectividad personal</u> se enfoca en objetivos personales no ligados a objetivos organizacionales y conduce frecuentemente al desarrollo de agendas personales. Establecer parámetros para enriquecer tu efectividad personal te dará claridad de rumbo, sin embargo, esto podría no estar alineado con tu efectividad gerencial. Nosotros desarrollamos un método estructural para alinear intereses personales y organizacionales al cual llamamos <u>Áreas de Realización</u>. De esto hablaremos más adelante.

¿Cómo elaborar un boceto de mis propias Áreas de Efectividad?

1. Elabora un diario de las actividades, reuniones y videollamadas que tengas durante una semana. Estas deben representar fielmente la aplicación del esfuerzo. A veces esto causa pereza mental, pero es muy útil.

2. Después de elaborar la lista de actividades, elabora un conjunto de Áreas de Efectividad desarrolladas a partir de las actividades listadas e implementa las siguientes reglas para establecerlas:

    a. Usa pocas palabras (no más de 4 palabras)
    b. Evita indicadores direccionales como crecer, incrementar y mejorar (sí se puede hablar de crecimiento, niveles, optimización).
    c. Evita cantidades de tiempo y montos.

Alejandro Serralde

3. Por cada Área de Efectividad, establece al menos uno o dos Métodos de Medición. Puedes recurrir a algunas ideas del capítulo 2.

4. Dibuja en un papel un organigrama y en éste, ubica tu propio puesto. En la casilla de tu puesto, escribe tus Áreas de Efectividad. ¿Hacen sentido estas Áreas de Efectividad en tu contexto?

5. Asegúrate de que tus Áreas de Efectividad cumplan con lo siguiente:

    a. Representan resultados, no actividades.
    b. Conducen a objetivos asociados mensurables.
    c. Son una parte importante del puesto.
    d. Están dentro de los límites actuales de autoridad y responsabilidad.
    e. Dependiendo del tipo de puestos, no son muchos (más de 8) ni tampoco pocos (menos de 3). Previamente hice algunas recomendaciones al respecto.

6. Si, por ejemplo, encuentras que tienes actividades como planificar, pregúntate: «¿para qué debo planificar?» El para qué es fundamental en el establecimiento de las Áreas de Efectividad. De la misma manera, te puedes preguntar qué logras si eres exitoso en la planificación. Esta es una buena segunda pregunta.

Alejandro Serralde

Si esta tarea te llega a abrumar, esto es normal. Este proceso no es fácil. La mayoría de las personas suelen abandonarlo y regresar a sus famosos *Key Performance Indicators*. Esta tarea supone un gran reto intelectual. Por tanto, ¡no desertes!

Después de establecer tu primer conjunto de Áreas de Efectividad, ¿qué debes hacer?

Sugerimos llevar tu obra de arte (Áreas de Efectividad) con tu equipo de trabajo. La participación de tu equipo en la construcción de tus Áreas de Efectividad es vital en cualquier proceso de cambio. Su participación en tu proceso puede traer grandes beneficios y es también un espacio de aprendizaje para ellos.

Las siguientes preguntas son simples e ilustrativas y permiten que tu equipo cuestione la agregación de valor de cada conjunto de tus Áreas de Efectividad.

- Cuando les enseñes tus actividades, pídeles que te pregunten para qué las haces. Se darán cuenta que muchas veces hay pérdida de tiempo y ellos están implicados.
- ¿Por qué tienes estas actividades? A veces uno subsidia el trabajo de alguien más. Tu equipo se dará cuenta y te ayudará en lo sucesivo.
- ¿Cuál es el resultado que obtienes si haces estas actividades eficientemente? Esto ayuda cuando tienes actividades y no resultados.
- ¿Qué pasaría si tu puesto desaparece? Por muy escalofriante que suene, esto ayuda a tomar consciencia de tu agregación de valor.
- ¿Qué cambia cuando eres una persona efectiva?

Alejandro Serralde

- ¿Por qué razones te podrían despedir? Reflexionar sobre esto promueve compromisos puntuales.
- ¿Qué es lo que tú logras que nadie más haga?
- ¿Cómo sabes que has sido una persona altamente efectiva?

¿Qué puede impedir el establecimiento exitoso de mis Áreas de Efectividad?

Existen muchos inhibidores que imposibilitan que la tarea se lleve a cabo con efectividad. W.J. Reddin (1970) los resume de la siguiente manera:[6]

- Falta de compromiso de la persona por cambiar. Para llevar a cabo esta tarea, uno necesita dejar de hacer cosas y empezar a hacer otras.
- Poco involucramiento de los demás. Si las personas a tu alrededor no se interesan en esto, eventualmente se contagia la deserción.
- Métodos de implementación deficientes. Se requiere una mayor inversión de tiempo que una hora de reunión para hacer esto realidad.
- No existe un sistema de seguimiento. ¿Qué sucede después de establecer las Áreas de Efectividad?
- Se establecen Áreas de Efectividad con gran énfasis en la evaluación. El énfasis en nuestra experiencia debe fundamentarse en el crecimiento.
- Proceso mecánico y sin interacción. Si uno simplemente recolecta información mensualmente y se dedica a pedir explicaciones, esto no servirá de nada.

---

[6] W.J. Reddin «Effective Management by Objectives» *McGraw-Hill*, 1970.

Alejandro Serralde

¿Qué puede impedir el establecimiento exitoso de mis Áreas de Efectividad?

Estas ideas que W.J. Reddin generó hace cincuenta años son utilizadas en la actualidad por Google, Apple, Intel y cientos de corporaciones exitosas en el mundo. Andrew Grove, uno de los más exitosos CEOs de la historia en Intel, y de quien hemos hablado previamente, desarrolló una metodología derivada de las ideas de W.J. Reddin llamadas OKRs (*Objectives Key Results*). Logró comprobar lo poderoso que puede ser el trabajo colaborativo con enfoque y métodos de medición simples. John Doerr (2019), discípulo de Grove, escribió en su libro *Measure What Matters* que cualquier proceso de transformación hacia resultados clave será exitoso si:[7]

1. Las prioridades clave están alineadas para crear enfoque.
2. Las prioridades se alinean de forma continua con los resultados para estimular la flexibilidad.
3. Se debe tener un método que permita dar seguimiento para promover una cultura receptiva.
4. Puede ser útil promover resultados altos de forma constante para generar un alto nivel de ambición en todos.

Nosotros coincidimos con los cuatro pasos de Doerr y únicamente agregaremos que el proceso de transformación a través de prioridades, además de ser un proceso estructural y sistémico, es conductual. Precisa de grandes desafíos dada la naturaleza del ser humano ante el cambio. Por esta razón, agregamos un quinto paso en nuestro proceso: la

---

[7] John Doerr «Measure What Matters» *Penguin*, 2019.

Alejandro Serralde

implementación a través de métodos participativos y, sin duda como W.J. Reddin (1971) lo escribe en su libro *Effective Management by Objectives,* esto requiere descongelamiento.[8] Esto lo hemos experimentado en infinidad de procesos de transformación y cambio.

W.J. Reddin (1988) en su libro *Handbook of Management by Objectives* compara, en su momento, a todas las filosofías de MBO (*Management by Objectives*) contemporáneas, incluidas las propuestas de Chakraborty, Charnock, Drucker, Edwardes, Froissart, Garrett, Hancock, Humble, Koontz, McConkie, Ryan y Odiorne y concluye algo que me ha parecido fascinante: **«Desaprender es algo que debe venir primero que el propio aprendizaje».**[9] A continuación, algunos ejemplos de nuestra metodología de implementación.

¿Por qué las Áreas de Efectividad son individuales pero recomendamos trabajarlas de forma participativa?

En los últimos diez años, las exigencias del trabajo colaborativo han aumentado en un 50 %. Por su parte, los trabajadores del conocimiento dedican el 85 % del tiempo de trabajo al correo electrónico, hablar por teléfono y asistir a reuniones virtuales.[10] Los requisitos para ser «miembro de equipo» son continuos y constantes, pues hay mucho que hacer. Es un desgaste, ya que, aparte de las demandas del trabajo en equipo, uno debe cumplir con su trabajo. Por esta razón, nuestro proceso de implementación es participativo.

---

[8] W.J. Reddin «Effective Management by Objectives» *McGraw Hill,* 1971.
[9] W.J. Reddin «Handbook of Management by Objectives» Tata *McGraw Hill,* 1988.
[10] Cross, R., «Managing collaboration in the workplace effectively», *Babson College Executive Education,* January 2018.

Alejandro Serralde

El trabajo en equipo, si se cumple, tiene en sí aspectos positivos. Las investigaciones demuestran que los equipos efectivos desarrollan una inteligencia colectiva que tiende a ser mayor al nivel de inteligencia promedio de los miembros de un grupo.[11] La palabra clave en esta oración es «efectivos». Los equipos inefectivos no logran esto, ya que la efectividad se basa en cómo los miembros interactúan y se relacionan unos con otros, y no en el conocimiento.

La comunicación e interacción inciden más en el éxito de este que en el conocimiento individual de cada miembro o incluso el grupal.[12] El intercambio de información es un factor fundamental, por lo que nuestras dinámicas son grupales para estimular el pensamiento colectivo.[13]

Nuestro método ayuda a comprender a los otros así como detectar las emociones subyacentes en sus palabras. ¿Se sienten emocionados, molestos, temerosos, tímidos, inseguros, etc.? La sensibilidad social se puede aprender y buscamos gestar estas destrezas.[14] Ser consciente y estar alerta ante los sentimientos de los demás trae grandes beneficios. De acuerdo a estudios realizados, un jefe atento puede ser más valorado por los demás, que otros aspectos del trabajo como el sueldo.[15]

Es sumamente raro encontrar empleos donde trabajes completamente sin la necesidad de interacción con otras personas. Y, aunque este sea el caso, por lo general debes

---

[11] Woolley, A. W., et. al., «Evidence for a collective intelligence factor in the performance of human groups», *Science*, October 2010.

[12] Cooke, N. J., et. al., «Interactive team cognition», *Cognitive Science*, volumen 37, 2013.

[13] Mesmer-Magnus, J. R., and DeChurch, L. A., «Information sharing and team performance: A meta-analysis», *Journal of Applied Psychology*, volumen 94, 2009.

[14] Zautra, E. K., et. al., «Can we learn to treat one another better? A test of a social intelligence curriculum», *PMC* publicado en línea el 15 de junio de 2015.

[15] Zipkin, A., «The wisdom of thoughtfulness», *New York Times*, 2000.

Alejandro Serralde

interactuar y trabajar con otros. El trabajo en equipo o grupal es parte de la vida laboral y su manejo es una gran clave para el éxito.

En su libro *Effective Management by Objectives*, W.J. Reddin (1970) sugiere que las dinámicas para mejorar la efectividad de un grupo requieren del descongelamiento de conductas, hacer un énfasis en el cambio, aceptar el lado humano, así como enfocarse en el grupo, en su efectividad y en la situación. Para esto, se requiere de la instrumentación y un ambiente controlado.[16]

¿Qué beneficios se obtienen al hacer esto de forma participativa?

Dada su naturaleza, las sesiones disparan algunas reglas de operación que estimulan conductas. Según investigaciones realizadas, estas conductas pueden crear:

1. Un compromiso común en cuanto a lo que se debe de lograr.[17]
2. Hábitos de respeto y que esto persista en el equipo: no hay cabida para gritos.[18]
3. Buscar soluciones de conflictos donde todos ganen, principalmente objetividad sobre su realidad. [19] [20]

---

[16] W.J. Reddin «Effective Management by Objectives», McGraw Hill, 1970.

[17] Vogel, A. L., et.al., «Pioneering the transdisciplinary team science approach: Lessons learned from National Cancer Institute grantees», *Journal of Translational Medicine & Epidemiology*, volumen 2, 2014.

[18] Qiu, T., et. al., «Performance of Cross-Functional Development Teams; A Multi-Level Mediated Model», *Journal of Product Innovation Management*, volumen 26, 2009.

[19] de Wit, F. R., Greer, L. L., and K.A. Jehn, K. A., «The paradox of intergroup conflict: A meta analysis», *Journal of Applied Psychology*, volumen 97, 2012.

[20] M. A. Marks, M.A., Mathieu, J.E., and Zaccaro, S. J., «A temporally based framework and taxonomy of team processes», *Academy of Management Review*, volumen 26, 2001.

Alejandro Serralde

4. Que las personas expresen sus opiniones de una manera franca y abierta, sin juzgar.[21]
5. Una cultura de trabajo en donde hacemos responsables a las personas por sus compromisos.[22]
6. Que continuamente exista un proceso de retroalimentación abierta.[23]
7. Que se promueva la participación y contribución de todos. [24]
8. Que se establezcan prioridades claras.[25]

Cuando estos puntos los trabajan los grupos humanos, y las respuestas son consensuadas, es posible la alineación en las <u>Áreas de Efectividad</u>.

---

[21] Edmondson, A. C., «Psychological safety and learning behavior in work teams», *Administrative Science Quarterly*, volumen 44, 1999.

[22] Pritchard, R. D., et. al., «The productivity measurement and enhancement system: A meta-analysis», *Journal of Applied Psychology*, volumen 93, 2008.

[23] Losada, M., and Heaphy, E., «The Role of Positivity and Connectivity in the Performance of Business Teams: A Nonlinear Dynamics Model», *American Behavioural Scientist*, volumen 47, 2004.

[24] Harris, A., «Distributed Leadership: According to the Evidence», *Journal of Educational Administration*, volumen 46, 2008.

[25] Katzenbach and Smith, 1993.

Alejandro Serralde

Cuestionario para revivir las Áreas de Efectividad

¿Tienes Áreas de Efectividad y Métodos de Medición? Si los tienes por favor, escríbelos a continuación. En caso negativo, escribe un primer borrador.

Áreas de Efectividad	Método de Medición (#, $, %, Índice)

Alejandro Serralde

¿Qué tan conforme estás con tus Áreas de Efectividad? A continuación, vas a evaluar en una escala del 0 al 4 las siguientes preguntas. Cero significa «no estoy conforme» y cuatro «totalmente conforme».

¿Son suficientemente retadoras?

¿Contribuyen con valor a mi organización?

¿Expresan realmente mi contribución de valor?

¿Podría mejorar mis Áreas de Efectividad?

Si alguno de los puntos anteriores no es 4, vuelve a replantear un conjunto de Áreas de Efectividad y Métodos de Medición que describan tu contribución de valor en su máxima expresión. Recuerda que esta puede ser una magnífica oportunidad de crecimiento para ti y para tus equipos.

4

¿Cómo conectar las Áreas de Efectividad con los objetivos?

---

*«Pontificar es algo muy sencillo,
lograr tus objetivos es difícil».*

W.J. REDDIN

Nada puede mejorar si no se le mide y no se tiene un valor de partida.[26] A este valor de partida y de logro, W.J. Reddin (1970) le llamó Áreas de Efectividad y Métodos de Medición.[27]

---

[26] Stuart-Kotze and Serralde, «Los Siete Secretos de los Líderes Altamente Efectivos», *Ink-It Publications*, 2018.
[27] W.J. Reddin, «Effectiveness Areas», McGraw-Hill, 1972.

Alejandro Serralde

Tal como lo hemos mencionado previamente en el capítulo 2, establecido las Áreas de Efectividad (AEs) y los Métodos de Medición (MMs), luego corresponde definir el cuánto del qué, es decir, el objetivo (O) tal como lo muestra el siguiente cuadro:

AE	MM	O
¿Qué quiero lograr?	¿Cómo lo mido?	¿Cuánto y cuándo?
Estabilidad en la Producción	% del tiempo de producción sin paro	97 % del tiempo promedio mensual de la producción no tiene paros hasta fin de año

Es posible que las Áreas de Efectividad no cambien en un año, mientras que los objetivos sí pueden hacerlo. Si, por ejemplo, el próximo año tenemos que reemplazar muchas de las máquinas, esto aumenta la posibilidad de paros. Ahora bien, todo esto podría ser consecuencia de un plan.

Los sistemas basados en Áreas de Efectividad son por lo general bien recibidos por los gerentes. Los gerentes saben qué esperan ellos. Se establecen los acuerdos sobre los métodos concretos para medir el desempeño y, así, la autoridad queda bien definida. Todo esto conduce directamente a una mayor satisfacción hacia el puesto y, finalmente, a una recompensa relacionada con el esfuerzo y el éxito.

Alejandro Serralde

Analicemos ahora el siguiente supuesto:

¿Qué quiero lograr?	¿Cómo lo mido?	¿Cuánto y cuándo?
Crecimiento en Ventas	% de crecimiento vs. año anterior.	12.5% de crecimiento acumulado al término del año vs. año anterior hasta terminar el año.

Para un puesto de ventas, es probable que el Área de Efectividad quede intacta de un año al otro, pero los objetivos, los obstáculos, las estrategias y las acciones clave posiblemente cambien.

¿Hay diferentes tipos de objetivos?

Existen tres tipos de objetivos: normales, especiales y de desarrollo. Los <u>normales</u> son los que se basan directamente en las Áreas de Efectividad establecidas para la posición. Como tales, son de lejos los más importantes.

Los objetivos <u>especiales</u> se refieren a los estudios de factibilidad que exploran nuevas áreas, al ensayo de sistemas nuevos y a otros campos diferentes y más creativos. Los objetivos especiales se caracterizan por tener menor prioridad que los objetivos normales y, por supuesto, pueden variar mucho de un año a otro. El desarrollo exitoso de objetivos especiales pueden transformarse más tarde en objetivos normales.

Los objetivos vinculados al <u>desarrollo</u> se ocupan en primer lugar del incremento de la competencia profesional del gerente. Pueden referirse a cursos, visitas a plantas,

Alejandro Serralde

asociaciones, conferencias o a la lectura de libros y publicaciones.

Al formular sus objetivos, los gerentes deben tener en cuenta los siguientes errores, que ocurren con frecuencia:

- Objetivos muy exigentes.
- Objetivos muy bajos.
- Objetivos que no se pueden medir.
- Costo de medición muy alto. Por ejemplo, muchas veces en los objetivos basados en *market share* resulta más caro el análisis que el fruto de la medición.
- Demasiados objetivos.
- Objetivos muy complejos o sofisticados.
- Periodo de implementación muy largos.
- Periodo de implementación muy cortos.

Alejandro Serralde

Después del establecimiento anual de objetivos, se necesita un pronóstico mensual

La operativización de los objetivos es el establecimiento de un presupuesto de objetivos. Si no se hace el pronóstico mensual de los objetivos, el decreto anual no es suficiente. Sugerimos esto para que se realicen los hábitos de planificación mensual y así las ideas se puedan materializar en hechos concretos.

Tomemos el primer ejemplo:

AE	MM	O
¿Qué quiero lograr?	¿Cómo lo mido?	¿Cuánto y cuándo?
Estabilidad en la Producción	% del tiempo de producción sin paro	97% del tiempo promedio mensual de la producción no tiene paros hasta fin de año

El objetivo anual entonces es que el 97 % del tiempo promedio mensual de la producción no tiene paros hasta el final del año. Entonces, realizar el pronóstico, significa, distribuir el 97 % anualizado en meses, tal y como se advierte en la siguiente tabla:

Ene	Feb	Mar	Abr	May	Jun	Jul	Ago	Sep	Oct	Nov	Dic
99%	99%	98%	98%	100%	100%	99%	70%	100%	100%	100%	100%

Alejandro Serralde

Esto quiere decir que desde un principio se espera que la planificación en agosto no sea estable, y justamente se puede planificar desde ahora.

¿Qué hacemos después?

Una vez realizado el compromiso de los objetivos por mes de cada una de las Áreas de Efectividad, el siguiente paso consiste en realizar un conjunto de escenarios para que la planificación sea mucho menos intuitiva y más metódica. A este proceso se le llama Planificación Gerencial.

Los pasos de la Planificación Gerencial

La primera fase de este planteamiento de planificación consiste en hacer una lista de aquellos obstáculos que uno podría tener en el camino. No tiene que ser un obstáculo estudiado con una precisión de cirujano, pero sí uno que pudiese representar un impedimento real y que la probabilidad de que ocurra sea alta.

Con frecuencia, sugiero que la lista sea de cinco obstáculos y estén ordenados por magnitud, siendo el cuarto y el quinto, los obstáculos muy posibles de ocurrir y que el impacto sea directo al objetivo planteado.

Alejandro Serralde

Tomemos en cuenta el ejemplo anterior.

O	Obstáculos
¿Cuánto y cuándo?	¿Qué me impediría lograr el objetivo?
97 % del tiempo promedio mensual de la producción no tiene paros hasta final de año.	1. Cortes de energía 2. Huelgas 3. Ausentismo del personal 4. **Instalación de las nuevas máquinas** 5. **Cambios de procesos ante las nuevas máquinas**

Podríamos decir que los cinco obstáculos son latentes, pero sabemos que se instalará una maquinaria nueva y esto traerá un paro en la producción. Además, muy posiblemente el cambio de la maquinaria conlleve a cambios en procesos.

Dada esta información, hay certidumbre de que ocurrirán en el año eventos de los cuales es necesario estar pendientes. Consiste en no dejarlo a la suerte, sino anticiparse a lo probable y lo posible. De los cinco obstáculos, elegimos los obstáculos 4 y 5, pues son los más significativos por el impacto que podrían generar y la probabilidad de ocurrencia.

Alejandro Serralde

En base a ello, elaboramos algunas estrategias.

Obstáculos	Estrategias
¿Qué me impediría lograr el objetivo?	¿Qué puedo hacer para anticiparme?
Instalación de las nuevas máquinas	• Producción anticipada • Planificación exhaustiva de la instalación
Cambios de procesos ante las nuevas máquinas.	• Análisis de riesgo previo a la instalación de las nuevas máquinas • Simulacro con los nuevos procesos

Las estrategias suenan de cierta manera muy genéricas y no necesariamente explican lo que uno va a realizar. Simplemente, concentran un conjunto de acciones. Para una planificación a fondo, es necesario explicar qué hacer para elaborar las acciones clave para la estrategia. Estas acciones clave deben ordenarse por orden cronológico y contar con fechas límite.

The VCST *Management Way*

A continuación, les presentamos un ejemplo, en donde únicamente elaboramos las acciones clave para la estrategia de producción anticipada:

Estrategias ¿Qué puedo hacer para anticiparme?	Acciones clave ¿Qué necesito hacer para que la estrategia se lleve a cabo?
• Producción anticipada	a. Elaboración de un plan de producción anticipada (15 de enero) b. Presentación con la alta gerencia y con otros departamentos sobre el plan de producción anticipada (20 de enero) c. Solución a los requerimientos de las diferentes áreas para poder producir anticipadamente (30 de enero) d. Solicitud presupuestal para poder hacer los cambios necesarios de la producción anticipada (28 de febrero) e. Coordinación con los diferentes equipos de trabajo (30 de marzo) f. Simulacro de la producción anticipada (30 de mayo)

El trabajo consiste en hacer el compendio de tareas que van de la «A» a la «F» y así vencer uno de los obstáculos. En paralelo, es necesario realizar las acciones clave para el resto de las estrategias de esta Área de Efectividad. Es probable que se repita el plan de acción para una estrategia y otra.

Alejandro Serralde

Este proceso es importante para hacer un trabajo de anticipación y garantizar tanto éxito como excelencia en todo lo que hacemos. Si cada uno de los planes es presentado al equipo, con seguridad el éxito sería diseñado y no casual. Esto hará el trabajo más placentero y menos estresante.

¿Qué sigue después de la Planificación Gerencial?

Hace unos años, escribí un libro llamado *Success: Qué hacer y dejar de hacer para ser más exitoso en tu trabajo* (2019) junto al Dr. Robin Stuart-Kotze, en el que dedicamos un capítulo entero al tema del estrés y sus disparadores. Este proceso de Planificación Gerencial ayuda a mitigar dos grandes disparadores del estrés:[28]

- Falta de control
- Manejo de la incertidumbre

Las grandes organizaciones son jerárquicas; por lo tanto, mientras más bajo sea el escalafón donde estés, menos control tendrás y mayores serán los efectos de la presión y el estrés en tu organismo. Esto nos lleva a fomentar reuniones participativas llamadas Reuniones de Efectividad (RE) para discutir avances de efectividad general y además, con métodos participativos proveer retroalimentación a las personas.

Con ello buscamos que cada persona refuerce el control que tiene sobre su efectividad y así disminuir este inhibidor. A través de las Reuniones de Efectividad, implementamos un método ágil en el manejo de reuniones para que estas se puedan llevar a cabo en todos los niveles. De acuerdo a algunos estudios revelados en el libro *Success*

---

[28] R. Stuart-Kotze and A. Serralde, «Success: que hacer y dejar de hacer para ser más exitoso en tu trabajo», Ink-it, 2019.

Alejandro Serralde

(2019), «la falta de control tiene una incidencia en la depresión, la ansiedad, irritabilidad, tristeza y desesperanza». Quizás la consecuencia más preocupante de la falta de control laboral es el fenómeno de indefensión aprendida. Cuando las personas pierden el control sobre sus propias acciones y no controlan lo que les sucede, se rinden y dejan de esforzarse.

Para mitigar la falta de control en sistemas humanos, nuestra experiencia dicta que es altamente requerido tener intervenciones sistemáticas con tus equipos. Es muy importante que te asegures en estas reuniones indagar si se responden las siguientes preguntas:

- ¿Estamos todos alineados?
- ¿Cada posición cuenta con Áreas de Efectividad, Métodos de Medición y con una planificación gerencial?
- ¿Hemos ido eliminando reuniones que no agregan valor?

El segundo gran inhibidor de la efectividad es la incertidumbre. Mientras mayores sean los niveles de incertidumbre, más aumentan los niveles de estrés y existe la posibilidad de cometer algunos errores. Es importante poner las cosas en perspectiva. Es muy fácil engancharse con algo que no es fundamental. Muchos de los inhibidores que padecemos son generados por nosotros mismos.

Para reducir la incertidumbre, sugerimos tener reuniones con el grupo y reuniones 1:1: para:

- Evaluar los niveles de efectividad de cada persona y del grupo;
- Compartir información clave e identificar las causas del conflicto;
- Evaluar las estrategias de cada persona con guía consultiva y un método colaborativo;
- y celebrar los logros.

Este tipo de sesiones además ayuda a elevar el nivel de salud organizacional por lo siguiente:

- Existe una fuerte correlación entre el apoyo social y la buena salud.[29][30]

- El apoyo colaborativo alivia el estrés, regula la insulina, fortalece el sistema inmunológico y activa la segregación de hormonas que reducen los niveles de estrés.[31]

- El apoyo colaborativo también tiene una correlación positiva con tasas más bajas de cáncer.[32]

---

[29] Broadhead, W. E., et. al., «The epidemiological evidence for a relationship between social support and health», *American Journal of Epidemiology*, volumen 117, 1983.
[30] Belanger, et. al., «Sources of support associated with health and quality of life: A cross-sectional study among Canadian and Latin American older adults», *BMJ Open*, volumen 6, 2016.
[31] «The health benefits of strong relationships», *Harvard Health Publishing*, Harvard Medical School, diciembre de 2010.
[32] Uchino, B. N., «Social support and health: A review of physiological processes potentially underlying risks to disease outcomes», *Journal of Behavioral Medicine*, volumen 4, 2006.

Alejandro Serralde

- Si actúas de manera positiva, impactarás a los miembros del equipo de la misma forma. Por consiguiente, la productividad aumentará. Si por el contrario, actúas negativamente, entonces contagiarás esta actitud a los otros y la productividad del equipo decaerá.[33]

- La presencia de un miembro con actitud negativa constante disminuye el desempeño del equipo de 30 % a 40 %.[34]

El intercambio de información es otro factor fundamental y la forma en cómo se comparte es vital. Los investigadores evaluaron a 699 personas de diferentes grupos en diversas tareas de naturaleza cooperativa. Encontraron que el trato entre los individuos era un componente básico en la efectividad. En los equipos de alto desempeño, las contribuciones de cada miembro eran relativamente iguales —cada quien habló en proporciones similares en lugar de tener solo uno o dos interlocutores—. En conclusión, evitar monopolizar las conversaciones es clave si deseas ser un miembro efectivo del equipo.

---

[33] Barsade, S. G., «The Ripple Effect: Emotional Contagion and its Influence on Group Behaviour», *Administrative Science Quarterly*, volumen 47, 2002.
[34] Felps, W., Mitchell, T., and Byington, E., «How, when, and why bad apples spoilt the barrel: Negative group members and dysfunctional groups», *Research in Organizational Behavior*, volumen 27, 2006.

Alejandro Serralde

5

¿Cómo conectar las Áreas de Efectividad con los proyectos?

«La dificultad de la planeación es hacer que tus gerentes la realicen».

W.J. REDDIN

Los valores que desarrolló Gerardo hacia el trabajo, son producto de experiencias dolorosas en ambientes muy competitivos. Cada experiencia y cada aprendizaje, los convirtió en lecciones replicables. Ésto le ha permitido inculcar en otros estos valores.

Alejandro Serralde

Han sido la disciplina, la puntualidad, la responsabilidad, la colaboración, la integridad, la diversidad y el modelaje a los demás los pilares que le han permitido a Gerardo sobresalir en un ambiente de gladiadores. Su impecable trayectoria de trabajo le ha permitido difundir estos valores en VCST. Después de haber trabajado con todos los integrantes del equipo gerencial de Gerardo, puedo atestiguar que cada uno de ellos, aparte de ser personas muy profesionales, también, son sinónimo de estos valores. En algún momento, le pregunté: «¿Cómo has hecho para que todos tengan unas cualidades tan afines?» y su respuesta fue una síntesis muy parecida a la que he escuchado de numerosos empresarios muy exitosos y que sugiere las siguiente prácticas:

1. Establecer un modelo de trabajo.
2. Desarrollar una visión acompañada de estrategias a largo plazo.
3. Acompañar la visión de un equipo diverso para que en las discusiones haya contraste y no sean un reflejo de uno.
4. Planificar con puntualidad cada uno de los hitos y que sea el equipo quien te ayude a conseguir cada una de las metas.
5. Crear entusiasmo en el equipo al ganar pequeñas batallas a corto plazo.

De nuestra metodología, Gerardo reconoce que ha podido resumir mediante estas ideas los aprendizajes empíricos de su experiencia en la industria. El ejercicio de Áreas de Efectividad ha sido tan relevante, que en algún momento me preguntó si esta metodología se podía utilizar con sus gerentes de proyectos y felizmente esa ha sido mi especialidad.

Alejandro Serralde

El *Project Management* ha migrado de ser una disciplina para convertirse en una profesión mundial y constituye una industria. Hace cincuenta años, los proyectos los manejaban especialistas e ingenieros. Cada día, son más generalistas los que manejan proyectos cuando saben aplicar una metodología.

Diversas escuelas han hecho un extraordinario trabajo al difundir las prácticas del *Project Management*, e incluso hay un instituto llamado *Project Management Institute* (PMI, por sus siglas en inglés) y una metodología universal llamada *Project Management Body of Knowledge* (PMBoK, por sus siglas en inglés) que resume las mejores prácticas.

De acuerdo a PMBoK, existen cinco fases clave en cualquier proyecto. Cada fase requiere de procesos robustos:

- <u>Inicio</u>: procesos para definir un proyecto y los mecanismos de autorización necesaria.
- <u>Planeación</u>: procesos para definir el alcance del proyecto, los objetivos, y el curso de acción.
- <u>Ejecución</u>: procesos para llevar las ideas a los hechos y cumplir los resultados prometidos.
- <u>Monitoreo y control</u>: procesos requeridos para asegurar el desempeño del proyecto.
- <u>Cierre</u>: procesos de entrega del proyecto.

PMBoK reconoce que existen algunos elementos que deben estar bajo control continuo. Estos elementos son el alcance, cronograma, costo, calidad, recursos, comunicación y riesgos. Se van agregando nuevos elementos a lo largo del tiempo, pero estos son los más conocidos. Se requiere el

Alejandro Serralde

alcance de las cinco fases del proyecto para entregar en tiempo, costo y calidad.

Así como existe PMBoK en Estados Unidos, existe Prince2 en Reino Unido. A pesar de sus diferencias, ambos proporcionan una guía para que los proyectos tengan el menor número de riesgos durante la ejecución. Con frecuencia, las organizaciones toman ciertos elementos de una metodología, otros de otra y crean la suya. La metodología queda resguardada en el PMO (*Project Management Office*).

Cada una de estas metodologías y disciplinas de trabajo facilitan la labor de un *Project Manager* para gestionar proyectos con distintas especialidades. No se requieren competencias técnicas sino más bien habilidades blandas. Hace años, no hubiera sido posible que una persona diferente a un ingeniero eléctrico gestionara un proyecto para aumentar una línea de transmisión eléctrica. En algún momento, ésta persona fui yo. Estas metodologías estandarizan el trabajo. Tuve muchos amigos certificados en Prince2, que emigraron al Reino Unido y trabajaron para el gobierno Británico en proyectos de infraestructura tecnológica. Para trabajar en un proyecto así, se necesita estar certificado en esta metodología, ya que se requiere hablar y entender el mismo lenguaje.

En este sentido, las habilidades blandas son fundamentales en la gestión de múltiples proyectos con diferente especialidad. No obstante, ninguna de estas metodologías enseñan sobre habilidades blandas solo indican los pasos a seguir. Entonces, ¿cómo se hace?

La palabra en inglés *management*, se traduce a español como administración. En nuestra concepción el *Project Management* es algo mucho más complejo que la planificación, organización, dirección y control. Requiere de

Alejandro Serralde

una serie de elementos socio-estructurales que faciliten que la conducta sea efectiva. Para ello, son indispensables las habilidades de influencia y trabajo en equipo. El *Project Management* es probablemente la experiencia gerencial más completa, ya que incluye elementos de creatividad, de fijación de objetivos, de planeación, de gestión, de liderazgo, de implementación, de evaluación y de control. La finitud de la acción es lo atractivo, ya que en períodos relativamente cortos se puede valorar la efectividad de la dirección.

Nuestra metodología busca estimular las habilidades gerenciales inherentes y dotar a los participantes de los criterios y herramientas apropiados para una dirección de proyectos exitosa. Siendo que la planeación viene a ser el arte de distribuir eventos y recursos en el tiempo para predecir su ocurrencia, toda acción eficaz en este rubro establece la normatividad en cuanto a la aplicación del esfuerzo en segmentos de tiempo predeterminados. El trato del manejo del tiempo por separado es irrelevante para la función gerencial.

De manera semejante, la fijación de objetivos y la planeación son en sí mismas un ejercicio continuo de toma de decisiones, de manera que no se pueden fijar objetivos sin decidir ni decidir sin fijar objetivos; lo mismo aplica para la planeación. Nuestra metodología orienta por principio un proceso hacia resultados, por lo que identificar las Áreas de Efectividad es determinante para trazar los ejes de acción hacia los diferentes foros gerenciales de cada proyecto.

A continuación, explicaremos cada una de las fases de los proyectos mediante la integración de cada uno de los elementos críticos que forman parte de nuestra metodología.

Alejandro Serralde

Fase 1: Inicio

Las Áreas de Efectividad no son sólo un método de control de la efectividad individual y de equipo. En una primera fase de cambio, suele hacerse de esa manera porque como decía W.J. Reddin: «Lo que no se puede medir, no se puede controlar». Por tanto, es un elemento necesario para mantener las ideas, los requerimientos, las expectativas y la organización de todo lo anterior, bajo control.

Las Áreas de Efectividad son una herramienta de focalización que permiten escribir en una síntesis (de no más de 4 palabras) lo siguiente:

- ¿Qué queremos lograr con este proyecto?
- Habiendo ocurrido, ¿qué cosas podemos afirmar que este proyecto fue efectivo?
- ¿Para qué haremos este proyecto?

Por lo general, algunas de las Áreas de Efectividad que se ligan a proyectos son:

- Nuevos modelos de negocio
- Nuevos productos
- Eficiencia en los procesos
- Nueva infraestructura tecnológica
- Prácticas organizacionales innovadoras
- Nuevas herramientas de trabajo
- Optimización de algo que ya existe
- Cambio de cultura organizacional

Alejandro Serralde

Cuando trabajé dirigiendo proyectos, recuerdo que nos tomaba semanas llegar a un acuerdo con el PMO (*Project Management Office*). Esto nos frustraba, porque en el programa de proyectos cada división de la compañía tenía intereses diferentes, y por tanto, era muy difícil ponerse de acuerdo. El costo de tener a muchos *Project Managers* en diversas reuniones de trabajo representaba mucho dinero para la compañía. Un criterio holístico basado en Áreas de Efectividad hubiera facilitado la ponderación y brindado agilidad, eficiencia y transparencia al proceso.

Al elaborar las Áreas de Efectividad y los Métodos de Medición del proyecto, es posible establecer algún objetivo deseado para materializar aún más el para qué del proyecto. Frecuentemente, a través de la carta de proyecto (*Project Charter*) se formaliza el uso de los recursos de la organización en beneficio de la ejecución del proyecto por parte del *Project Manager*. Este es el siguiente paso y forma parte del proceso de planeación.

Fase 2: Planeación

Ahora es el momento de escribir el *Project Charter* con algunas hipótesis y escenarios en cuanto a los tiempos y a los alcances y limitaciones. Los alcances y limitaciones son claves para el manejo de las expectativas. Los alcances del proyecto definen qué se va a entregar y las limitaciones del proyecto definen qué no se va a entregar. Un trabajo diligente en alcances y limitaciones conduce al buen manejo de las expectativas de las personas involucradas.

Alejandro Serralde

¿Qué actividades se necesitan hacer para llevar las ideas a los hechos?

Esta pregunta lleva a elaborar un cronograma de acciones. Existen métodos conocidos como la Planeación Basada en Productos (*Product Based Planning*, en inglés) utilizada en la metodología Prince2 que apuestan a lo siguiente: «Si una persona desea construir un automóvil es mejor descomponerlo en pedazos y hacer una planificación por producto». Por ejemplo, esto equivale a dividir las tareas por partes del automóvil: el motor, el chasis, etc. Otras metodologías lo hacen de la A a la Z al agrupar actividades por fases. La naturaleza del proyecto ayuda a la definición.

Antes de agrupar, lo más común es hacer una lista de actividades y después conectarlas. La claridad del orden se obtiene a través de estos dos métodos:

- Planeación lineal: A-B-C-D-E-F-G-H. Esto quiere decir que para llegar a la actividad H es necesario hacer la G, la F y la E.
- Planeación simultánea: AB + CD y simultáneamente EF + GH. Esto quiere decir que mientras uno hace ciertas actividades hace al mismo tiempo otras. Esto es lo más utilizado en proyectos.

El análisis previo brinda claridad frente a la correcta organización de las actividades e indica la ruta crítica del proyecto. La <u>ruta crítica</u> es la secuencia más larga de actividades que deben completarse a tiempo para finalizar el proyecto en su totalidad.

Alejandro Serralde

Una vez elaborado el mapa de las actividades más críticas, surgen las siguientes preguntas:

- ¿Quién hará esto?, ¿Necesitamos gente experta?
- ¿Cuánto nos costará esto? ¿Necesitamos proveedores?
- ¿Cuánto tiempo nos tomará esto?

El flujo de actividades del proyecto deberá designar responsables por actividad. Cada persona debe estar presente y de acuerdo con sus responsabilidades. En este sentido, la conducta del *Project Manager* debe regirse y moverse a partir de la iniciativa (Estilo Dedicado) hacia la colaboración (Estilo Integrado). Más adelante, hablaremos sobre los estilos.

La elaboración de escenarios facilitará el cálculo de costos expresado en dinero y en tiempo. A través de este ejercicio, se previenen y disminuyen las sorpresas. Consiste en evaluar el costo en tres escenarios: el peor, el mejor y el realista.

¿Cómo planificar el cambio?

Cada cambio, sea de sistema, de proceso, de estructura organizacional y de políticas, trae consigo resistencia. La resistencia también se necesita planificar y es aquí en donde, las ideas de Kurt Lewin son muy útiles. Si bien esto es función del *Change Manager*, abordaremos este tema por su relevancia. No todas las organizaciones tienen consigo un *Change Manager* y es el *Project Manager* quien deberá planificar esto.

Kurt Lewin describe muy bien el fenómeno de la resistencia al cambio al hacer referencia a la tercera ley de Newton: «A toda acción obedece una reacción en sentido inverso y con la misma intensidad». Cada vez que nosotros proponemos un cambio encontraremos resistencia en éste.

Alejandro Serralde

Entonces, propone el conocido análisis de campo de fuerzas para manejar el cambio.

En esta situación, ¿qué estrategias necesito utilizar para disminuir la resistencia al cambio?

Bajo ciertas circunstancias, es mejor utilizar un enfoque participativo para reducir la resistencia al cambio, es decir, apoyarse en un grupo de personas para que ellas formen parte del propio cambio. A veces lo mejor es simplemente adherirse a una política institucional y emitir un comunicado. Cada situación exige que las personas encuentren un equilibrio entre las motivaciones propias frente al cambio, así como además aquello que podría detener nuestra propia motivación.

Fase 3: Ejecución

Hasta la fase 2, el proyecto está ligado a las ideas. Es en este momento cuando se llevan las ideas a hechos. Es la conducta (o el liderazgo) lo que mueve a las personas hacia la acción. La acción es fruto del impulso de la voluntad. La voluntad y las ideas pertenecen a centros anímicos muy distintos en los seres humanos. No siempre tener las ideas claras lleva a las personas simplemente a ejecutar. En la mayoría de las ocasiones, se requiere conectar las ideas y la acción. Esto forma parte del rol del *Project Manager*.

El *Project Manager* buscará asegurar que la ejecución se dé en el tiempo, el costo y la calidad prometida. Para lograrlo, necesita mover a todos a la acción. ¿Cuál es su aporte si los demás son quienes hacen el trabajo? La anticipación. La

Alejandro Serralde

anticipación es la gran diferencia entre un extraordinario *Project Manager* y uno que no lo es.

La anticipación requiere de un estilo de liderazgo con mucha iniciativa (Estilo Dedicado), lo que implica prevenir que ocurran las cosas y mover la conducta de los demás hacia el futuro (y no únicamente del pasado como en la mayoría de las ocasiones). Por ende, el *Project Manager* es responsable de observar continuamente los posibles riesgos adyacentes en el futuro.

Durante la fase de ejecución, el *Project Manager* generará información de forma continúa y se espera que la reporte en el estatus del proyecto. Entonces, la documentación se convierte en un activo de gran valor. Cada una de estas responsabilidades exige una conducta distinta. Por lo tanto, la flexibilidad se convierte en un elemento fundamental para la efectividad de un *Project Manager*.

Fase 4: Control

El control es la función gerencial en virtud de la cual se da aseguramiento al logro de los estados deseados en concordancia con las condiciones estipuladas de calidad, cantidad, tiempo y costo. ¿Es más importante valorar la eficiencia en la ejecución de un proyecto o la efectividad de las Áreas de Efectividad del proyecto? W.J. Reddin podría afirmar que la segunda, pero en nuestra experiencia son ambas.

La claridad de los beneficios de las Áreas de Efectividad del proyecto puede ayudar a evitar la cancelación de proyectos por una reducción de presupuesto. ¿Por qué cancelar un proyecto cuando los resultados generan mucho valor? La

Alejandro Serralde

respuesta es muy simple: la falta de claridad frente a las Áreas de Efectividad del proyecto.

Cuando se valora la eficiencia en la ejecución, esto significa que se reconoce la realización de las cosas en la forma y en los tiempos previstos. Se trata de reconocer la materialización de las ideas, y por ende, la disciplina.

Esta fase del proyecto es muy común asociarla con Diagramas Gantt que son muy visuales y permiten ver la interconexión de tareas por medio de barras. El flujo de información se visualiza hacia abajo (el final está abajo). Cuando el *Project Manager* compara el programa de actividades planeado con lo sucedido en la realidad, identifica las desviaciones del plan y las medidas correctivas que habrá que adoptar.

¿Qué estrategias gerenciales debemos utilizar en esta fase?

Cuando se está a cargo de controlar la gestión de un proyecto, las estrategias gerenciales para aumentar la efectividad requieren de una conducta de aseguramiento acompañado con un poco de iniciativa (Estilo Separado y Estilo Dedicado). A continuación, las demandas situacionales que justifican este tipo de estilos:

- <u>Control por sistema</u> (Estilo Separado): apoyarse en sistemas de información, en donde se puede tener acceso a la información del proyecto.
- <u>Autonomía de los colaboradores</u> (Estilo Separado): las personas involucradas pueden trabajar autónomamente. Los especialistas hacen de este trabajo algo muy sencillo de controlar porque conocen muy bien lo que deben hacer.

Alejandro Serralde

- <u>Clima de control</u> (Estilo Separado): crear un clima de trabajo en el que se pueda asegurar que las tareas se entregan a tiempo y se eviten retrasos.
- <u>Control visual de información</u> (Estilo Separado): los japoneses en Toyota imprimían los Gantt y los colocaban en las paredes de las fábricas. En ocasiones, los reportes en PDF se van al archivero. Es mejor que la información esté visible.
- <u>Organizar y reorganizar</u> (Estilo Dedicado): tal cual lo hemos mencionado previamente, la anticipación permite predecir acontecimientos no programados.
- <u>Posibilidad de medición del desempeño </u>(Estilo Dedicado): para medir la efectividad de la realización de los beneficios a través de las Áreas de Efectividad del proyecto, como también el cumplimiento en la eficiencia de la ejecución.

La fase de control tiene más conductas de aseguramiento y de Estilo Separados (4) que de iniciativa o Estilo Dedicados (2). Por ende, para controlar se requiere de una conducta firme pero no necesariamente autoritaria. De lo contrario, el *Project Manager* cae en Autocracia y se necesita ser Burócrata, es decir, tener una conducta firme y una mente amigable.

Alejandro Serralde

Fase 5: Cierre

Esta última fase consiste en hacer lo necesario para cerrar el proyecto. En organizaciones en donde existe una cultura de *Project Management,* esto es obvio porque las personas asignadas al proyecto dejan de tener acceso a los centros de costos. En organizaciones en donde lo anterior no existe, siempre existe el riesgo de que:

- Los *Project Managers* asuman una responsabilidad operativa.
- La organización asume que el *Project Manager* será el encargado de esta responsabilidad.

Los rituales de cierre pueden ser muy beneficiosos para culminar el proyecto. A muchos les gusta celebrar los aprendizajes recaudados, en inglés *lessons learned*, de la fase mientras que a otros la posibilidad de migrar a algo nuevo.

Es una forma de finalizar el proyecto con entusiasmo, reconocimiento de logros, esperanza respecto al futuro y espíritu de celebración. Por ende, un Estilo Relacionado que es enfocado en el reconocimiento suele ser el pertinente para la clausura.

Alejandro Serralde

¿Qué preguntas debes hacerte durante el proyecto?

Sabemos que muchas organizaciones no tienen constituido un PMO (*Project Management Office*). Posiblemente los proyectos son un conjunto de actividades a las que llaman «proyecto» pero que no lo es, y sin embargo, se tienen que llevar a cabo. Para organizaciones y equipos en donde no trabajan con una metodología formal, sugerimos que durante el proyecto, se hagan las siguientes preguntas que pueden ser muy beneficiosas:

1. ¿Tiene Áreas de Efectividad el proyecto?
2. ¿Se firmaron los alcances y las limitaciones del proyecto con la persona que patrocinó el proyecto?
3. ¿Podría entender con facilidad una persona ajena las secuencias de este proyecto al estudiar el diagrama?
4. ¿Se encuentran todas las actividades en una secuencia lógica? ¿Es evidente en cuáles actividades se puede trabajar de manera simultánea?
5. ¿Revisó y aprobó su equipo de proyecto la secuencia de actividades?
6. ¿Dividieron el proyecto en fases?
7. ¿Está en total disposición de cambiar de tipo de conducta según la fase del proyecto?

Alejandro Serralde

Por lo general, estas preguntas sirven para formalizar un conjunto de hitos críticos en cualquier fase del proyecto. Quizás para algunas personas este capítulo es muy básico. Sin embargo, nuestra intención es difundir estas ideas al mayor número posible de personas de una organización para garantizar que sean comprendidas y así cubrir un Área de Efectividad llamada Cultura de Proyectos. El *Project Management* es una disciplina que todos podemos y debemos aprender.

Alejandro Serralde

6

¿Cómo conectar los Estilos con las Áreas de Efectividad?

«La energía a veces es confundida con efectividad».

W.J. REDDIN

Las personas necesitamos cambiar de comportamiento según la naturaleza de las Áreas de Efectividad, las estrategias elegidas para lograr cada objetivo y desde luego, como lo hemos mencionado en el capítulo anterior, por cada fase de un proyecto. Esto implica que uno debe estar en sintonía con los cambios que su trabajo tiene. Lamentablemente no es fácil.

Alejandro Serralde

Requiere de atención, tiempo y esfuerzo. Existen personas efectivas que constantemente evalúan el trabajo y las situaciones para hacer de esto un hábito, y esto genera crecimiento en su ámbito de influencia.

W.J. Reddin (1989) solía decir que: «Una teoría que no se utilizaba en el mundo práctico realmente no servía de mucho». Por tanto, le dio un sentido práctico y operativo a los negocios.[35] W.J. Reddin diseñó un conjunto de indicadores de requerimientos situacionales que exigían al gerente la manera en la cual debería operar si quería ser más efectivo. En el capítulo anterior, ejemplificamos los requerimientos situacionales en la fase de control. Sin embargo, existen indicadores para contextos de desarrollo, iniciativa y colaboración.

El modelo de W.J. Reddin se basó en las dos dimensiones del comportamiento:

- **Orientación a las Relaciones (OR)**: crear un ambiente de confianza para que la gente emprenda con iniciativa y su talento.

- **Orientación a la Tarea (OT)**: dirigir a las personas para que implementen con iniciativa las condiciones pactadas.

---

[35] W.J. Reddin, «The smart managers book of lists», *Lake Publishing Co.*, 1989.

Alejandro Serralde

La combinación del uso de estas dos orientaciones (OR y OT) genera los cuatro estilos básicos de comportamiento, o cuatro formas distintas de influencia, mediante la cual se agrupa en cada estilo un conjunto de comportamientos:

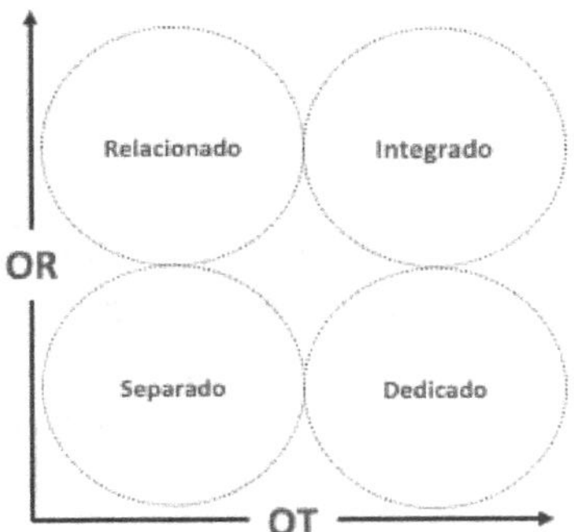

Para hacerlo práctico y operable, se nombró al estilo aplicado correctamente a la situación de una manera diferente a aquel que era aplicado de manera incorrecta.

- **Separado**, aplicado a situación que requiere este estilo equivale a Burócrata. Cuando es aplicado a otro tipo de situación, equivale a Desertor.
- **Relacionado**, aplicado a situación que requiere este estilo equivale a Promotor. Cuando es aplicado a otro tipo de situación, equivale a Misionero.
- **Dedicado**, aplicado a situación que requiere este estilo equivale a Autócrata Benévolo. Cuando es aplicado a otro tipo de situación, equivale a Autócrata.
- **Integrado**, aplicado a situación que requiere este estilo equivale a Ejecutivo. Cuando es aplicado a otro tipo de situación, equivale a Transacción.

Alejandro Serralde

Ninguno de estos estilos básicos es más efectivo que otro; cualquiera de ellos puede ser efectivo en ciertas situaciones, pero no en otras. Por ejemplo, el Separado, podría funcionar muy bien en la fase de control de un proyecto; sin embargo, no es tan efectivo en la fase de cierre. La efectividad de la conducta (o el liderazgo) se deriva de responder según los requerimientos de la situación; es decir que para ser efectivo es necesario orientarse a la realidad, más que a los modelos del «deber ser».

Cada uno de los estilos preferentes tiene un equivalente menos efectivo y otro de mayor efectividad y esto da origen a los ocho estilos aplicados, según el uso apropiado o inapropiado de los estilos básicos, como lo muestra la siguiente figura:

Lo más importante de la teoría de W.J. Reddin (1972) es su aplicabilidad. Con este modelo se puede evaluar la situación e identificar el estilo que es más apropiado y que será más efectivo. Si bien estas ideas fueron descubiertas hace más de cincuenta años, hoy día siguen siendo relevantes y se enseñan en programas de destrezas gerenciales.[36]

---

[36] W.J. Reddin & R. Stuart-Kotze «Effectiveness Situational Diagnosis», *McGraw-Hill*, 1972.

Alejandro Serralde

Se han elaborado enfoques con nombres diferentes, terminologías más sofisticadas, pero frecuentemente tienen el mismo origen. Los académicos reconocen que las ciencias del liderazgo han sido documentadas durante estos años y que todo lo que se ha escrito desde entonces es un reciclaje de ideas.

A todo lo anterior, W.J. Reddin lo llama la <u>Teoría 3D.</u> En las siguientes páginas, resumimos algunas características que hemos tomado de una sección del libro *Effective Management* que escribió W.J. Reddin (1990).[37] Para acompañar la ilustración que hace W.J. Reddin, he incorporado mis propias ideas y mi propio entendimiento:

- Las preferencias o estilos básicos explican las intenciones.
- El impacto es lo que produce el haber elegido esa preferencia.

A continuación algunas características de cada uno de los estilos.

---

[37] W.J. Reddin, «Effective Management», *McGraw-Hill*, 1990.

Alejandro Serralde

Estilo Separado

Cuando una persona elige una estrategia de influencia a través de una conducta separada, tiende a ser:

- Sumamente cauta, cuidadosa y conservadora.
- Ordenada a la hora de expresar sus ideas.
- Prefiere las cosas escritas.
- Hace énfasis en los procedimientos, datos, y hechos.
- Busca principios establecidos y metodologías en qué basarse o formas para hacer las cosas.
- Exacta, precisa y concreta. Se aleja de la ambigüedad.
- Correcta en la forma y perfeccionista en los detalles.
- Constante en la ejecución y tolerante a la frustración.
- Se caracteriza por ser más tranquila, calmada, modesta y discreta en su actuar.

El impacto del estilo Desertor:

Cuando una persona elige una estrategia de influencia *Separada* en una situación que requería otra estrategia es vista por los demás como:

- Una persona que trabaja según lo determina el reglamento únicamente y que no es consciente que está produciendo lo mínimo.
- Una persona que suele abandonar las cosas para evitar verse complicada.
- Como las reglas marcan la pauta, rehúye a la responsabilidad y al compromiso de dar un paso más.

Alejandro Serralde

- Es tan cautelosa la persona que da pocas opiniones o sugerencias útiles.
- Ante los demás carece de creatividad y originalidad, lo que evidencia un criterio estrecho frente a las cosas.
- Continuamente pone obstáculos a los demás y dificulta que las cosas se hagan.
- Se resiste al cambio, no coopera y se comunica poco.

Algunas características cuando se relacionan con personas:

- No muestran mucho interés en mantener buenas relaciones.
- No siempre dan prioridad al trabajo de sus colaboradores.
- Consideran que con frecuencia se hace mucho énfasis en la creatividad, el cambio y la innovación.
- Podrían proporcionar más información útil a otros de la que proporcionan.
- Muestran muy poca preocupación por los errores y generalmente hacen poco por corregirlos o disminuirlos.

Alejandro Serralde

El impacto del estilo Burócrata:

Cuando una persona elige una estrategia de influencia *Separada* en una situación que así lo determina son vistos por los demás como:

- Personas obedientes frente a las órdenes, reglas, procedimientos.
- Confiables, dignas de fe por su constancia.
- Disciplinadas en continuar las rutinas que permiten mantener un sistema y una empresa en marcha.
- Observan los detalles con detenimiento.
- Buscan ser eficientes a través de la lógica, la información y la racionalidad.
- Sus juicios suelen ser imparciales, justos y equitativos.

Algunas características cuando trabajan con personas:

- Suelen dar mucha importancia a la formalidad de las reuniones y salen buenas ideas de esa actitud.
- Planean con fina atención a los detalles y cuidan el seguimiento a cada una de las actividades.
- Introducen el cambio formalmente y siguen al pie de la letra cualquier procedimiento establecido.
- Prefieren las comunicaciones escritas con los demás, pues esto garantiza la eficacia del comunicado.
- Responden a los desacuerdos y al conflicto de manera práctica y simplemente se refieren a las reglas y a los procedimientos.
- Piensan que las cosas funcionan mejor cuando los colaboradores entienden y siguen las actividades

Alejandro Serralde

descritas en sus planes, en la descripción de sus responsabilidades o en sus perfiles de puesto.

Estilo Relacionado

Cuando una persona elige una estrategia de influencia *Relacionada*, tiende a ser:

- Orientada a las personas, pues son lo primero.
- Enfatizan el desarrollo y el crecimiento.
- Son informales, tranquilas y no buscan protagonizar.
- Promueven largas conversaciones, frecuentemente promoviendo que otros hablen.
- Consideradas, cálidas y comprensivas con los demás.
- Crean una atmósfera de positivismo.

El impacto del estilo Misionero:

Cuando una persona elige una estrategia de influencia *Relacionada* en una situación que requiere otra estrategia es vista por los demás como:

- Evasora del conflicto. Posiblemente no hay nada peor para ellas que una discusión álgida.
- Personas excesivamente agradables, amables y cálidas en momentos que requieren de carácter.
- En la búsqueda continua de la aceptación de sí misma frente a los demás.
- Dependiente de la relación y no puede trabajar enfocada en las tareas sin hablar.

Alejandro Serralde

- Facilitan las cosas a los demás, lo que crea una conexión innecesaria y dependiente.
- Evitan iniciar con acción y muestran tanto pasividad como falta de carácter cuando se necesita.
- Despreocupados por resultados, normas y controles para no afectar las relaciones.

Algunas características cuando trabajan con personas:

- Tratan a sus colaboradores con gran amabilidad y consideración aun cuando los resultados no se están dando.
- Permiten a sus colaboradores fijar sus propios objetivos, según sus necesidades y los aceptan aun si son algo insatisfactorios y van en contra de la organización.
- Toleran desviaciones en la implementación de planes si esto pudiera crear desagrado.
- Se comunican con otros de manera que mantienen buenas relaciones sin darse cuenta de que la evasión de la confrontación crea conflictos futuros.
- Al primer signo de conflicto, intentan suavizar las cosas al máximo, prefieren posponerlo, sin darse cuenta que lo pueden magnificar en el futuro.
- Consideran que si se presenta un error este debe corregirse de tal modo que nadie se moleste.
- Con el fin de ser aceptadas, evitan cualquier toma de decisión desagradable que los haga impopulares y menos aceptados.

Alejandro Serralde

El impacto del estilo Promotor:

Cuando una persona elige una estrategia de influencia *Relacionada* en una situación que así lo determina son vistas por los demás como:

- Personas que mantienen canales de comunicación abiertos, lo que genera el espacio entre los colaboradores para dar retroalimentación y poder mejorar.
- Prestan atención a las necesidades de cada individuo, lo que produce fidelidad y compromiso.
- Desarrollan el talento de otros, lo que crea competencias para ser más efectivos.
- Buenos entrenadores por su capacidad de diferenciar a cada persona y entregar el conocimiento de la manera más efectiva.
- Comprenden a otros y los apoyan, lo que crea compromiso.
- Cooperan con los demás, y esto crea canales de solidaridad.
- Creadoras de relaciones de confianza.

Algunas características cuando trabajan con personas:

- Su relación es excelente y se caracteriza por la confianza y el respeto mutuo.
- Buscan nuevas y buenas ideas y motivan a otros a ser tan creativos como puedan.

Alejandro Serralde

- Cuando tienen responsabilidad en la planeación, involucran a otros. Hablan con los afectados por un cambio con suficiente anticipación.
- Cuando surge un conflicto, siempre ayudan a los involucrados a encontrar la base del acuerdo.
- Consideran que la mayoría de los errores surgen por una buena razón y es siempre mejor buscar la razón que concentrarse en el error mismo.

Estilo Dedicado

Cuando una persona elige una estrategia de influencia *Dedicada*, tiende a ser:

- Decidida y confiada en sí misma.
- Iniciadora, activa y pujante.
- Con carácter para tomar las riendas si se necesita.
- Orientada a la acción y con el compromiso por terminar lo que se inicia.
- Segura de sí misma a la hora de fijar responsabilidades si se necesita.
- Independiente a la hora de ejecutar con una filosofía que indica que la tarea es lo primero.
- Partidaria de emplear estímulos, incluidos recompensas, controles y castigos.

Alejandro Serralde

El impacto del estilo Autócrata:

Cuando una persona elige una estrategia de influencia *Dedicada* en una situación que requiere otra estrategia es vista por los demás como:

- Amenazante frente a las desviaciones.
- Orientada a resultados inmediatos.
- Una persona que suele criticar a los demás.
- Impopular y temida por los demás.
- Centralizadora de todas las decisiones.
- Evasora de los sentimientos y las necesidades de otros.
- Exigente al punto de crear una atmósfera de desconfianza en la que es mejor pedir permiso para todo.

Algunas características cuando trabajan con personas:

- Suelen dirigir el trabajo y evita desviaciones de los planes, lo que genera gran dependencia en la implementación.
- Ven la planeación como algo de una sola persona y no como un proceso interdependiente que requiere integración.
- Piensan que una buena manera de introducir el cambio es anunciarlo y dejar que la gente se someta.
- Observan de cerca la implementación de planes, señalan los errores mediante la crítica pero no como un proceso de orientación en las decisiones.
- Más interesadas en la productividad del día a día que en la de largo plazo.

Alejandro Serralde

- Mantienen la producción a través de una sutil situación de amenaza.

El impacto del estilo Autócrata Benévolo:

Cuando una persona elige una estrategia de influencia *Dedicada* en una situación que así lo determina es vista por los demás como:

- Decidida al tener la iniciativa requerida en el momento adecuado.
- Enérgica frente a la necesidad de iniciar y terminar las cosas.
- Una persona que constantemente busca optimizar al evaluar cantidades, calidad, costos y tiempo, lo que crea un ambiente muy productivo.
- Alguien que logra resultados y crea condiciones de progreso en los demás.
- Una buena guía para el aprendizaje.

Algunas características cuando trabajan con personas:

- Exponen claramente a sus colaboradores lo que se espera de ellos.
- Desarrollan y proponen muchas nuevas ideas.
- Muestran que valoran la eficiencia y la productividad y consiguen que los demás se entusiasmen por esto.
- Observan la implementación de planes de sus colaboradores y ayudan y guían directamente cuando se necesita.

Alejandro Serralde

- Consideran que un equipo fuerte necesita a un líder con carácter que sepa lo que está haciendo.
- Establecen elevados estándares para sí mismos y para otros.
- Se esfuerzan para que los demás logren sus metas.

Estilo Integrado

Cuando una persona elige una estrategia de influencia *Integrada*, tiende a ser:

- Hábil para promover el consenso para plantear establecer objetivos, metas y políticas.
- Integradora de las necesidades de un grupo humano con las necesidades organizacionales.
- Oportuna para promover la participación de las personas, lo que nivela el poder entre las personas para crear un ambiente de igualdad.
- Una persona enfocada en el grupo.
- Promotora de métodos colectivos.
- Partidaria de que dos cabezas piensan mejor que una.

El impacto de la Transacción:

Cuando una persona elige una estrategia de influencia *Integrada* en una situación que requiere otra estrategia es vista por los demás como:

- Alguien que emplea la participación en exceso, lo que provoca confusión.

- Débil y falta de carácter para evitar decisiones que le corresponden a su persona y no al grupo.
- Una persona que cede fácilmente para no afectar a un grupo humano.
- Que evita tomar decisiones o acepta decisiones amorfas.
- Crea confusión por la ambigüedad, lo que causa desconfianza ante los demás, por su propia confusión al no saber emplear la orientación a la tarea o a la relación en el momento adecuado.
- Suele ser idealista y los demás llegan a verle como una persona que habla de dientes para afuera.

Algunas características cuando trabajan con personas:

- Tratan de quedar bien con todos.
- Confunden a los demás porque emplean el enfoque de relación o de tarea sin saber cuándo hacerlo.
- Hacen un esfuerzo en la planeación. Pero los planes no siempre funcionan, porque lo hacen mediante la idealización de la realidad.
- Le gusta la idea del trabajo en equipo pero con frecuencia no lo aplican por su necesidad de quedar bien con todos.
- Algunas veces alientan ideas nuevas, pero no siempre les dan seguimiento a todas y por eso, no se concretan.
- Establecen objetivos blandos para quedar bien con todos, lo que crea un ambiente complaciente.

Alejandro Serralde

El impacto del estilo Ejecutivo:

Cuando una persona elige una estrategia de influencia *Integrada* en una situación que así lo determina son vistos por los demás como:

- Diestras al promover el consenso frente a decisiones de alta complejidad.
- Eficaces al utilizar la participación de los demás de forma adecuada y estimular el compromiso.
- Facilitadoras del mejoramiento continuo.
- Excelentes motivadores porque saben alinear las expectativas humanas y las organizacionales.

Algunas características cuando trabajan con personas:

- Consistentemente obtienen una elevada productividad por parte de sus colaboradores.
- Establecen objetivos con otros, los cuales son claros y aceptados por todos los directamente involucrados.
- Los planes representan el mejor modo de pensar de los involucrados.
- Informan cualquier posible cambio con suficiente anticipación a los afectados.

Alejandro Serralde

Por lo tanto, ¿cómo aumentar la efectividad de la conducta?

Desde hace varios años, VCST ha incorporado nuestras herramientas para realizar diagnósticos que permiten conocer el estado actual de la conducta. Esto permite que los equipos hagan continuamente un ejercicio de toma de consciencia cada cierto tiempo. Muchas veces me preguntan sobre la frecuencia del diagnóstico a lo que yo respondo con la pregunta: «¿cada cuanto te haces diagnósticos médicos?» En mi caso, mi seguro médico me exige hacerme un examen cada doce meses. Por lo tanto, no sería molestia contestar un test de treinta minutos cada 12 meses.

Muchos de los gerentes de VCST han vivido un proceso de *coaching*, mediante el cual han tenido la oportunidad de aplicar estos conocimientos y conceptos. Asimismo, el equipo de Recursos Humanos de VCST ha sido facultado para dar retroalimentación sobre los diferentes diagnósticos con un único propósito: desarrollar mejores capacidades en las personas.

La conducta gerencial es imposible entenderla, en un capítulo de un libro y en un solo programa. A mí me ha tomado más de 12 años aplicar la teoría una y otra vez, y escribir cinco libros sobre esta materia. ¿Por qué no profundizas más sobre los estilos de W.J. Reddin? Sabemos que serás mucho más exitoso en tu destino.

Alejandro Serralde

7

¿Cómo comunicarse con efectividad y resolver conflictos?

«El futuro de un gerente es la extensión de su pasado».

W.J. Reddin

La comunicación efectiva es todo aquello involucrado en la transmisión y comprensión de mensajes con claridad. Comprende también todo lo relativo a la recepción de información enviada por otros con la menor distorsión posible.

Alejandro Serralde

En la práctica, la comunicación efectiva es un prerrequisito básico en el logro de los objetivos de la organización, pero persiste como uno de los más grandes retos del *management* moderno. Se trata de un tema extenso que no solo abarca una arista en el campo organizacional, ya que desempeña un papel importante en la efectividad gerencial. En muchas ocasiones, ha sido considerado como uno de los mayores problemas en el ámbito mundial, en las discusiones étnicas, en las guerras entre naciones, en las discusiones entre personas, en las disputas industriales y los conflictos organizacionales, entre otros.

La comunicación implica un impacto tanto del emisor del mensaje como del receptor. Se trata de un proceso que puede estar plagado de errores, con mensajes poco claros o desordenados del emisor o malas interpretaciones por parte del receptor. Cuando esto no se detecta, causa gran confusión, es un esfuerzo infructífero y genera pérdida de oportunidad. De hecho, la comunicación es sólo exitosa cuando las partes comprenden la misma información como resultado del proceso de comunicación.

Resulta conveniente ver la comunicación como un proceso, tal cual como se ilustra a continuación:

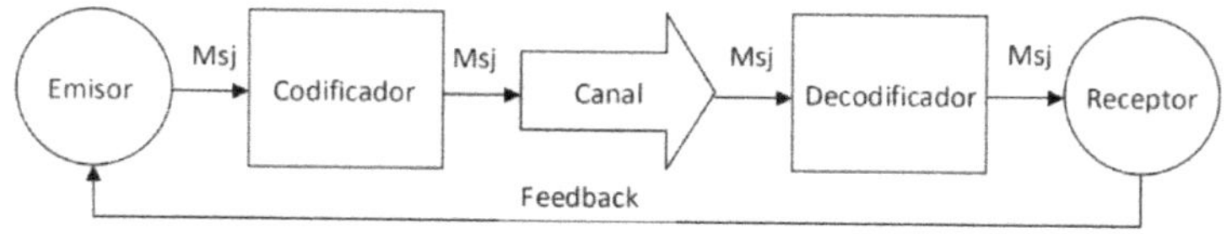

Desde que emitimos un mensaje hasta que este llega a su receptor hay una serie de pasos involucrados. Por lo tanto, hay riesgos de bloqueos en el proceso. Sin embargo, para hacerlo mucho más complejo, comunicarnos es algo que aprendimos en una edad muy temprana y que hacemos

Alejandro Serralde

intuitivamente. Por tanto verlo de una manera diferente, siempre resulta difícil. Tal como hemos hecho referencia previamente, desaprender es algo que viene antes de aprender algo nuevo.

Los problemas en la comunicación pueden ocurrir en cualquier etapa del proceso. Como se muestra en el diagrama, los elementos de la comunicación son el emisor, la codificación, el canal, la decodificación, el receptor, la retroalimentación y el contexto. En cada etapa, existe la posibilidad de confusión y malentendido.

Para garantizar que la comunicación sea efectiva y clara, la estrategia consiste en minimizar la frecuencia de las barreras en cada etapa del proceso, las cuales resumo a continuación.

Barreras en la comunicación

Comparar: Dificulta la escucha porque uno se evalúa en función del otro: quién es más listo, más competente, más emocionalmente sano. Algunos se enfocan en quién ha sufrido más, quién ha tenido mayores logros.

Leyendo la mente: Es la falta de atención a lo que la otra persona comunica; de hecho, a menudo se desconfía de ella. Consiste en tratar de adivinar lo que el otro piensa o siente. Se puede ver como «Apuesto a que está buscando mi lado flaco», «Seguro piensa que soy un tonto», «Está midiendo mi alcance».

Ensayando: Es la falta de tiempo para escuchar cuando se ensaya lo que te comunican. La atención está enfocada en la preparación y elaboración del próximo comentario. A gunas

Alejandro Serralde

personas ensayan una cadena de respuestas: «Yo le diré X» «Cuando ella me diga X, entonces le diré Z».

<u>Filtrar</u>: Consiste en seleccionar lo que se escucha y se deja de escuchar. Por lo general, no se escuchan amenazas, posiciones negativas, críticas o algo desagradable. Es como si el mensaje nunca hubiera existido; no hay memoria de ello.

<u>Juzgar</u>: Una regla básica de escucha es que los juicios se hacen solamente después de escuchar y evaluar el contenido del mensaje.

<u>Soñando</u>: Las personas están más propensas a soñar cuando se sienten aburridas o ansiosas. Si sueñas cuando te relacionas con cierta gente, esto puede indicar una falta de compromiso por conocerles. Es una demostración de que aquello que te expresan, carece de valor.

<u>Identificar</u>: En este bloqueo, se toma cualquier tema que una persona expresa y se refiere a ella en base a sus propias vivencias. Por ejemplo, una persona expresa algo de su trabajo y eso te hace recordar tus propias experiencias. Inicias entonces tu propio diálogo antes de que el comunicador pueda terminar de transmitir su mensaje. Cualquier cosa que escuches te recuerda algo que has experimentado o sentido, hecho o sufrido. Esto no permite escuchar realmente lo que la otra persona comunica.

<u>Aconsejar</u>: Cuando uno da consejos, sugerencias, a menudo deja de escuchar.

<u>*Sparring*</u>: Este bloqueo involucra la argumentación y el debate con el otro. El otro nunca se siente escuchado, porque uno se muestra en desacuerdo de inmediato. Se enfoca la atención en encontrar cosas con las que no se está de acuerdo o disiente, lo que conlleva a tomar una posición contraria a la

Alejandro Serralde

del comunicador. Para evitar el *sparring*, no se debe caer en expresiones sarcásticas o agresivas que aniquilen el punto de vista de la otra persona. Este bloqueo puede terminar en un enfrentamiento entre las partes.

Estar en lo correcto: Significa que irás en cualquier dirección para evitar estar errado. No escuchas críticas, ni toleras ser corregido; no toleras sugerencias para cambiar, ya que tus convicciones son intocables. Hay resistencia para reconocer que los errores no dejan de ser errores y no hay capacidad de enmienda.

Desbaratar: Este bloqueo a la escucha pretende cambiar el tema de discusión de forma violenta. Uno desbarata el tren de la conversación cuando está aburrido o cansado o poco cómodo con el tema. Otro medio para desbaratar es la risa o el uso de temas graciosos o ligeros. Consiste en dar una respuesta irónica o chistosa para minimizar la incomodidad o la ansiedad de escuchar a la otra persona que se expresa con seriedad.

Apaciguar: «Correcto, correcto. Absolutamente. Yo sé. Por supuesto que... Increíble. Sí, ¿de verdad?» Uno quiere ser agradable, tolerante, aguantador con el fin de estar de acuerdo con cualquier cosa. Escuchas lo suficiente para seguir la corriente, pero en realidad no te involucras. Toleras más de lo que te involucras en lo que se está diciendo.

¿Qué hacer con las barreras de comunicación?

Lo primero que recomiendo hacer es memorizar las barreras y su significado para así tenerlas presentes. Me ha sido útil que estén en algún lugar visible y por eso hice este diagrama que las agrupa en cuatro, tal cual como si de estilos de liderazgo se

Alejandro Serralde

tratara. Al fin y al cabo, el lado menos efectivo de los estilos, tiende a generar una barrera.

- <u>Separados</u>: juzgan, están más pendientes de su realidad (filtran) y escuchan lo que hace sentido hacia su deber ser (desbaratan).
- <u>Relacionados</u>: son los que pueden conectar con los demás con más facilidad, identificarse y hasta enfocarse tanto en la otra persona que sueñan y conectan hasta aconsejar.
- <u>Dedicados</u>: son egocéntricos y quieren tener la razón (estar en lo correcto), pueden ensayar con tal de ganar y frenan a los demás (*sparring*).
- <u>Integrados:</u> buscan puntos convergentes (comparan), pueden evitar el conflicto (apaciguan) y probablemente son proactivos en leer la mente del otro.

Resumen de las barreras de la comunicación por grupo

No dejes de memorizar el significado de estas barreras, pues será muy beneficioso para ti. El siguiente paso consiste en tener este cuadrante visible en algún lugar de tu celular.

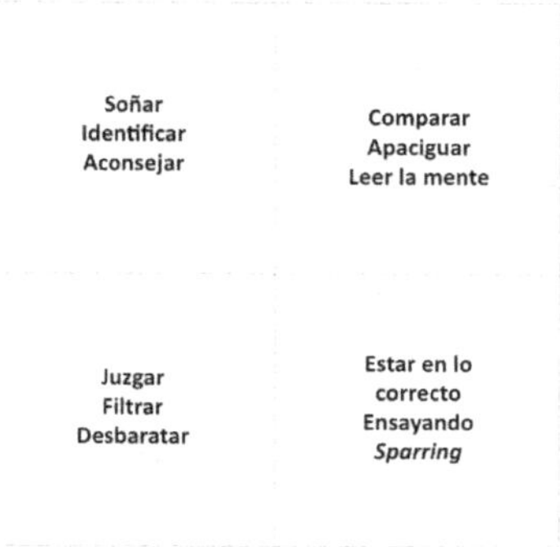

Alejandro Serralde

Métodos para comunicarnos

De manera inconsciente, y consciente para algunos, cada uno de nosotros responde de forma distinta ante una solicitud. Esto es parte de nuestras preferencias y no está relacionado con la efectividad en la comunicación. Entonces, sugerimos que el tipo de comunicación esté basada en los requerimientos situacionales y no en las preferencias personales. Por ahora, nos enfocaremos en las preferencias.

- Hay personas que tienen continuamente el recurso de hacer preguntas para obtener más información **(Búsqueda de Información)**. En ocasiones suele preguntar: «¿Te indicó esto tu jefe?», «¿Por qué se te dificulta hacer amigos?», «¿Qué te gustaría lograr con esto?». Son preguntas que pretenden recaudar el máximo de información.

- Hay otras que tienen una preferencia a captar el lado sensible del mensaje **(Respuesta Sensible)**. Esto conecta fácilmente con personas introvertidas que hacen preguntas para establecer un puente de confianza. Ante el comentario de otra persona, suelen responder: «Esto seguramente es importante para ti», «Parece ser que quieres tomar ventaja» o «Pareces poco seguro de esto». Este tipo de mensajes establecen una conexión con la persona y además hacen sentir muy bien al otro al sentirse escuchado.

- Otras tantas tienen una preferencia hacia las afirmaciones sutiles **(Recomendaciones)**. Los diálogos no conectan ni tampoco piden más información sino más bien afirman cosas, por ejemplo: «Si yo fuera tú, haría esto», «Francamente, no me preocupa mucho»,

Alejandro Serralde

«A lo mejor es importante que consideres esto».

- Algunas más tienen una preferencia hacia las afirmaciones sutiles (**Reto**). Conecta perfectamente con personas dominantes que necesitan ver dos caras de la moneda. Por ejemplo, sus posibles respuestas incluyen: «A lo mejor esto que mencionas no es tan malo como crees», «A veces uno necesita dar algo a cambio», «Posiblemente las otras personas hacen algo bueno también».

La mayoría de las personas en VCST han realizado el inventario de comunicación de Reddin Assessments. Sugerimos hacerlo más de una vez al año para revisar cómo ellos responden a las demandas del trabajo. La comunicación cambia según el impacto del entorno en las personas.

Resumen de los tipos de comunicación por grupo

Al igual que elaboré las barreras de conflictos, agrupé los tipos de comunicación de esta manera. Sugiero tomarle una foto y tenerlo presente en el celular:

Respuesta Sensible	Respuesta al Reto
Búsqueda de Información	Recomendación

Alejandro Serralde

La búsqueda de información parece más un proceso procedimental y sistemático (Separado); la respuesta sensible conecta con otros (Relacionado); las recomendaciones están alineadas al «yo haría» (Dedicado) y el reto a ver un todo (Integrado).

La comunicación y el conflicto

Cambiar de conducta es posible. Todo cambio es difícil y está sujeto a riesgos. Para empezar, siempre es posible que el cambio no funcione. Además, también está el riesgo de que uno parezca un hipócrita o manipulador ante los demás.

A nadie le gusta fracasar. Por esto, se requiere carácter para cambiar tal como afirman el Dr. Rick Roskin y el Dr. Robin Stuart-Kotze (1983) en su libro *Guide for Managerial Achievement.*[38] Las personas desarrollamos una forma de hacer las cosas, que con seguridad en algún momento nos ha resultado exitosa en el pasado. Cuando piensas cómo resolver una tarea completamente nueva, lo más probable es que te remitas a algo que te funcionó en el pasado. Apoyarse en las experiencias pasadas como punto de partida es lo más usual. No obstante, es importante tener en cuenta que algunos comportamientos del pasado pueden no ser útiles en situaciones nuevas, por lo que quizás tengamos que desaprender la conducta anterior para integrar la nueva.

Según Rick Roskin y Robin Stuart-Kotze (1983), existen situaciones en las que el comportamiento se transforma en inapropiado, y surgen las situaciones de conflicto. El proceso

---

[38] Roskin and Stuart-Kotze, «Success: Guide to Managerial Achievement», *Prentice Hall*, 1983.

Alejandro Serralde

de toma de conciencia es mucho más lento, requiere paciencia y además, en su mayoría, requiere de gran disciplina.

Si las formulaciones fuesen universales para la resolución del conflicto y funcionaran, entonces no habría tantos divorcios, ni rupturas entre socios, ni disputas irreconciliables en las familias. El conflicto aparte de ser un desacuerdo que representa una amenaza frente a nuestras necesidades, intereses o preocupaciones, toma tiempo en olvidar o nunca ser olvidado. Existen cinco tácticas para abordar el conflicto. La forma de emplear estas tácticas es mediante el análisis del contexto del conflicto, y no hay un orden específico.

<u>Precipitación</u>: la parte con más poder provocará el conflicto con anticipación para evitar que la parte más débil se llene de cólera. El jefe sabe que el subordinado está muy inconforme con su sueldo y con la equidad en el equipo. Es mejor provocarlo rápido antes de que la contraparte contagie de frustración a sus compañeros de trabajo. Con frecuencia, esto ocurre con los Misioneros que prefieren contagiar a los demás de su pesar.

<u>Contención</u>: se establecen un conjunto de reglas de operación como una barrera de contención y que permiten ganar tiempo en el proceso; de esta forma, se pueden aclarar las disputas.

<u>Ventilación</u>: se establece un espacio para que cada persona pueda ventilar sus diferencias. Es importante tener cuidado de tener un tiempo límite. En ocasiones, ventilar demasiado puede hacer que las cosas se salgan de control y la llama se haga más grande.

<u>Negociación</u>: cuando las partes tienen un mismo nivel de poder, suele ser favorable negociar y con ello intercambiar

Alejandro Serralde

puntos. Una negociación ganar-perder será casi imposible de resolver en el largo plazo.

Mantener: dar espacio al conflicto sin buscar la resolución inmediata. No significa evitarlo, significa que, estratégicamente uno lo va a dilatar un poco, para asegurar que los niveles de tensión disminuyan. Se trata de «consultarlo con la almohada».

Estas tácticas pueden ser útiles para contextualizar el conflicto e iniciar el proceso de resolución. También, evita resolver las cosas de manera intuitiva. En lo personal, soy creyente de que «si estás en medio de un conflicto, estás implicado». Esta es una frase que alguna vez escuché y no fue precisamente de un experto en comportamiento humano. En ocasiones, es pertinente preguntarse sobre el papel que uno desempeña. Si eres:

- Un Desertor, tenderás a evadir el conflicto. También por sistema, crearás conflictos.
- Un Misionero, para suavizar el conflicto y tratar de cuidar las relaciones, crearás más conflicto. La búsqueda de agradar y el control tan excesivo del manejo del ambiente puede volver tóxicas las relaciones.
- Un Autócrata, te impones y usas la fuerza, para tratar de ganar en todo momento y crear más conflicto. Si logras someter a los demás, cuidado, que la venganza a veces viene con intereses.
- Una persona con Transacción para estar bien con Dios y con el Diablo al mismo tiempo, crearás conflicto. Esa posición hace que los acuerdos sean ignorados y que

las conversaciones difíciles sean postergadas.

¿Qué estilo se utiliza en una fase resolutiva?

Los estilos también pueden servir como una guía de actuación frente a la fase resolutiva del conflicto, y, así por ejemplo:

- Si otras personas están siendo agraviadas, lo mejor es utilizar las bases legales. Por ejemplo, la ley dice esto y eso es lo que haremos. Con esto, se deja a un lado el favoritismo. Esto lo reflejaría un <u>Separado</u>.
- Si estás siendo agraviado por mi conducta, entonces recibe mi más sincera disculpa. Esto lo reflejaría un <u>Relacionado</u>.
- Si yo soy el agraviado, entonces exijo que me des una disculpa. Esto lo reflejaría un <u>Dedicado</u>.
- Si todos estamos siendo agraviados, logremos entre todos un acuerdo pacífico. Esto lo reflejaría un <u>Integrado</u>.

La mejora de la percepción para aumentar la objetividad se hace cuesta arriba si uno lo deja a la suerte. Para esto, se requiere disciplina y de continuamente verificar cuál fue el impacto de la conducta en los demás.

Alejandro Serralde

Los epicentros del conflicto

La fase resolutiva de un conflicto se puede abordar a través de una estrategia estructural. Esto implica mirar el conflicto desde una tercera dimensión con tu contraparte y acordar dónde está realmente el epicentro del conflicto. Este ejercicio permite enfocarse en la causa y no en la consecuencia. Los epicentros de un conflicto se dividen en:

Relaciones: puede ocurrir a partir de emociones fuertes, de estereotipos, de mala comunicación y de comportamientos negativos repetitivos. Es un tipo de conflicto que echa leña a las disputas y puede promover un conflicto destructivo a partir de las relaciones. Ejemplo: maltrato verbal de un jefe a su colaborador o viceversa, que causa poca o ninguna atención a las solicitudes de condiciones de trabajo propicias para la productividad.

Información: puede ocurrir a raíz de la falta de información o de la mala información. Así como también por visiones diferentes sobre qué información es relevante, la interpretación de la información y cómo es realizada la evaluación. Ejemplo: insuficiente información técnica en un distrito municipal sobre las posibilidades de tratamiento de los desechos líquidos o desagües sanitarios de los hogares.

Interés: puede tener como causa la incompatibilidad de intereses que puede incluir competencia real o percibida sobre intereses, tal como recursos. Ejemplo: Objetivos de ahorro de gastos por parte de la administración y el cuidado de la calidad de los insumos que no serán poco costosos.

Estructura: puede tener causas estructurales como la distribución desigual e injusta del poder y de los recursos. Las causas pueden ser estructurales que van más allá de la

Alejandro Serralde

coyuntura en el tiempo y trascienden la voluntad de los individuos porque se expresan en los sistemas, procesos y estructuras. Ejemplo: Ausencia de políticas claras sobre la autonomía presupuestal de algunos puestos.

<u>Valores</u>: puede surgir sobre diferencias de valores, ideológicas o diferentes estándares de evaluación de ideas y comportamientos. Ejemplo: Al asignar recursos en la planificación operativa anual en un departamento, desde la visión de la gerencia la prioridad puede ser el equipamiento, mientras que para los trabajadores es la inversión en desarrollo del personal.

Para mí, fue muy beneficioso hacer este dibujo que me permitió indagar sobre el epicentro.

Alejandro Serralde

La identificación y el debilitamiento del epicentro puede ser una estrategia para (1) prevenir, (2) gestionar, (3) resolver y (4) transformar el conflicto.

1. <u>Prevenir el conflicto</u>: significa evitar que el conflicto se convierta en un proceso violento, destructivo y negativo, así como tomar las acciones necesarias. Está claro que no se pueden prevenir los conflictos, pero sí se puede manejar la violencia en estos a fin de gestionarlos de forma constructiva.
2. <u>Gestionar el conflicto</u>: significa abordar un conflicto y reducir sus efectos negativos. Este enfoque busca evitar que el conflicto se intensifique. Implica también encontrar mejores maneras de afrontarlo para evitar que se fomenten ambientes de tensión.
3. <u>Resolver el conflicto</u>: se centra en la profundidad con la que el conflicto se trata. Se centra en la relación y la comunicación entre las partes (también resolución de disputas o solución de problemas). Este enfoque busca resolver los problemas que genera el conflicto, más allá de transformarlo. El enfoque puede verse como holístico, ya que intenta ver las cuestiones subyacentes como intereses y necesidades de la comunicación de las partes.
4. <u>Transformar el conflicto</u>: significa superar las causas de raíz del conflicto y fortalecer las capacidades frente al futuro. Esto asume implícitamente que un conflicto no puede resolverse nunca, y que solo puede ser transformado. Puede existir la evolución de una relación en la asimilación.

Supongamos que estamos en una fase preventiva y podemos evitar, como miembro de equipo, que se suscite un tema de inequidad. Veamos el siguiente escenario: nuestro

Alejandro Serralde

gerente es excesivamente sumiso con su jefa y acepta metas muy altas. ¿Cuál podría ser el epicentro del conflicto?

Podríamos iniciar con la categoría de (1) estructura y de (2) relaciones. Si estructuralmente, el gerente tiene autonomía, entonces pasemos a relaciones. ¿Dónde podría estar el epicentro? Posiblemente en la falta de autoestima del gerente por querer agradar a costa de todo. En otras palabras, el gerente actúa bajo el estilo misionero con su jefa y esto es por falta de autoestima. ¿Cómo se puede resolver esto?

Seguro hay diferentes fórmulas y posiblemente tu imaginación te permitirá tener una resolución mucho más efectiva. Una solución que se me ocurre es que antes de la reunión de mi jefe con su jefa, pueda proveer mucha información de nuestra capacidad instalada al día de hoy. Posteriormente le suba la autoestima y la moral para que gane confianza y no caiga en estilo misionero y el conflicto se convierta en relacional.

Para llevar las ideas a la práctica:

A continuación, te quiero dejar una reflexión. Imagínate que tienes un conflicto sin resolver y tienes el deseo de resolverlo.

Sigue los siguientes pasos:

1. Define el conflicto en palabras.
2. ¿Qué tipo de epicentro tiene este conflicto? (relaciones, información, interés, estructura o valores). Trata únicamente de elegir uno o dos epicentros.
3. ¿Qué tipo de solución piensas darle al conflicto?
4. ¿Qué tácticas piensas utilizar? (precipitar, contención, ventilar, negociar, mantener).
5. ¿Qué estilo utilizarás en la resolución? (separado, relacionado, dedicado, integrado)

Alejandro Serralde

6. ¿Qué tipo de comunicación piensas utilizar? (búsqueda de información, respuesta sensible, recomendación, respuesta al reto).
7. ¿De cuáles bloqueos tienes que estar pendiente, pues existe la probabilidad de que estén presentes en el proceso de comunicación? (juzgar, filtrar, desbaratar, soñar, identificar, aconsejar, ensayar, estar en lo correcto, *sparring*, comparar, apaciguar o leer la mente)

Este ejercicio si bien suena sencillo, te dará mucha luz de cómo resolver el conflicto y que tipo de comunicación utilizar.

Alejandro Serralde

Alejandro Serralde

8

¿Cómo conectar las Áreas de Efectividad y la Realización?

«Una organización altamente efectiva debe de ser flexible».

W.J. Reddin

Por más de cincuenta años, hemos contribuido a dar sentido al *management* al retar si la orientación del trabajo agrega valor o no. Todo esto con el propósito de brindar un marco y dirección al esfuerzo y al trabajo. De nada sirve trabajar como un aficionado si no genera el producto deseado. No somos, ni seremos máquinas. Los seres humanos tenemos la capacidad

Alejandro Serralde

de romper tendencias. Aun cuando en la actualidad está la inteligencia artificial en boca de todos, yo la apodo y considero «eficiencia artificial».

La inteligencia del hombre ha sido capaz de multiplicar el esfuerzo y hacerlo más eficiente. Recordemos que hace menos de dos mil años, el hombre empezó a transportarse en carreta. Fue la inteligencia del hombre que mil quinientos años después desarrolló el motor de combustión interna. Menos de doscientos años después, se crearon motores eléctricos. La inteligencia artificial, desde luego, hará que la inventiva humana tome menos tiempo en revolucionar el siguiente paso. No tendrán que pasar mil quinientos años más hasta el siguiente salto cuántico.

Nuestra misión ha sido durante medio siglo ayudar a equipos y organizaciones a estar mejor alineados para que la inteligencia colectiva les permita avanzar mucho más rápido. Esto lo hemos hecho con un método que permite empezar con el qué (Áreas de Efectividad) y después con el cómo (obstáculos, estrategias y acciones clave).

La industria automotriz es un claro ejemplo de un ecosistema basado en eficiencia y efectividad. El costo que existe de no entregar a tiempo una pieza o de una falla logística o bien un defecto de calidad podría costar millones. Las personas que asisten a nuestros Seminarios y que han tenido una escuela de *management* en la industria automotriz son extraordinarios participantes. No se quejan de nuestro proceso que es muy demandante y disfrutan enormemente del reto que les produce un ambiente desafiante.

Al igual que Gerardo, muchos cuentan con certificaciones en *Six Sigma, Lean Manufacturing;* han

Alejandro Serralde

estudiado con mucha profundidad a Deming; y además han participado en proyectos que les permite poner en práctica todo lo aprendido en las aulas. Muchos de ellos, por si fuera poco, se han convertido en consultores internos en algún tipo de disciplina y han desarrollado extraordinarias habilidades de comunicación.

Durante mucho tiempo, me pregunté por qué estas personas duraban tanto en sus empleos. La exigencia es el pan de todos los días, ser efectivo es el estándar (y no la excepción) y por si fuera poco, estas personas están amenazadas ante la posible pérdida de su empleo. Ante una crisis económica, las armadoras de carros, sufren de escalofriantes recortes de personal y por tanto todo el *cluster* industrial, también sufre las consecuencias.

¿Por qué entonces buscar sobrevivir en un entorno tan competitivo?, ¿qué es aquello que los mueve tanto?, ¿y para qué trabajar aquí? Justamente esto ha sido mi inspiración para escribir este libro. Encontré en esta industria y en especial en VCST una conexión muy importante con la realización.

Así como uno puede conectar, «el hacer de las cosas» con la efectividad, al responder a la pregunta: ¿para qué hago esto?, de manera similar, uno puede conectar «la efectividad con la realización» al responder a la pregunta: ¿y para qué quiero ser efectivo?

Peter Drucker señala en su libro *The Effective Executive* que la materialización de resultados se mide para aprender a mejorar. Mediante este aprendizaje, se obtienen datos que sirven para tomar decisiones y construir un mejor futuro.[39] Este

---

[39] Peter Drucker, «The Effective Executive», *Harper Collins*, 1967.

Alejandro Serralde

es el fundamento para la realización también. Estoy seguro que construir carretas no era en su momento un trabajo fácil, ni tampoco laxo. Mil quinientos años después, también me quiero imaginar que construir motores de combustión tampoco era un trabajo relajado, y mucho menos lo ha sido para las empresas en la actualidad con los autos eléctricos.

Después de conocer miles de gerentes en distintos países, pocas veces he conocido a una persona con casi cuarenta años en esta industria como lo ha sido Gerardo. Para empezar, ¿quién podría sobrevivir tantas crisis en estos cuarenta años en la industria? En alguna ocasión, Gerardo me habló de su pasión por los autos. Posiblemente yo tengo la misma pasión, pero no hubiese sido capaz de sobrevivir como él lo hizo.

Si quisiéramos emplear una palabra de moda como *resiliencia* para definir el porqué Gerardo logró sobrevivir, creo que seríamos muy superficiales. Esa resiliencia yo la he tenido para otras cosas, pero no para sobrevivir en un entorno tan exigente. Ha sido el proyecto de vida y la realización de Gerardo el «¿para qué?», ser efectivo tantos años. Así como la efectividad se operativiza con las Áreas de Efectividad, la realización se operativiza con las Áreas de Realización.

Las <u>Áreas de Realización</u> se definen como los estados deseados de una persona durante el proceso de realización personal. Por su naturaleza, son puntos terminales o culminantes de la búsqueda en un campo específico, y como tal, lo más lógico es que se expresen en términos de resultados. De este modo, su ocurrencia es verificable mediante hechos.

126

Alejandro Serralde

Es necesario identificar con precisión el campo de realización personal, es decir la materia de la vocación y la forma en que el individuo se entrega a ella. Tanto la vocación como la forma son elementos esenciales.

Como resulta evidente, se le ha otorgado al trabajo el carácter de condición *sine qua non* como camino para la realización personal. Esto es así por la fórmula en física que establece que toda fuerza aplicada en una distancia genera trabajo. De modo que toda fuerza que el ser humano realiza en el espacio produce un esfuerzo. Se cree imposible la realización personal a través del ocio o sin trabajo de por medio. El premio Nobel, Boris Pastenak afirmaba: «Trabajar es descubrir lo que uno lleva dentro».[40] Muchas almas han alcanzado su realización personal con tan solo descubrir su esencia. En un extremo se encuentra el desarrollo espiritual, en donde la realización personal ocurre en el interior, de manera silenciosa y, al menos en apariencia, no hay esfuerzo visible. Este caso cae en la categoría de trabajo con sentimientos.

Las Áreas de Realización deben reflejar los estados que, una vez alcanzados, conforman la obra de vida de una persona. Para su elaboración, se sugiere un método de conceptualización análogo al de las Áreas de Efectividad. Además, se recomienda un procedimiento que consiste en: 1) definir el campo de actividad con el que la vocación mejor corresponde; 2) identificar la destreza de expresión predominante; 3) establecer los propósitos de realización respecto a la vocación en términos de resultados; 4) asegurar que los resultados estén dentro del ámbito de influencia del interesado, pues está dotado de los conocimientos, las

---

[40] Boris Pastenak, «Safe Conduct: An Autobiography and Other Writings», *New Directions*, 2009.

Alejandro Serralde

habilidades, el poder y los recursos necesarios.

La descripción de las <u>Áreas de Realización</u> requiere una mentalidad orientada a resultados. Para un porvenir saludable, deben alinearse con las áreas de efectividad. De lo contrario, el individuo corre el riesgo de realizar su trabajo de manera mecánica sin conexión alguna con sus motivos de realización

A estas <u>Áreas de Realización</u> ilustradas para diferentes campos de actividad se le añaden los estados comúnmente deseados en el campo de la calidad de vida como:

<u>Áreas de Realización:</u>	**Método de Medición:**
Seguridad patrimonial:	\$ ahorros / (\$ gasto anual) x (N.° años de vida)
Salud familiar:	Índice de morbilidad
Oportunidades de desarrollo:	N.°de cursos realizados por año vinculados a un interés personal
Ocio recreativo:	N.° de viajes por año
Salud social:	N.°de horas dedicadas a obras sociales
Participación ciudadana:	N.°de acciones cívicas
Equilibrio ecológico	Emisiones de carbón de la familia

Alejandro Serralde

Aquel que tenga una expectativa clara acerca de futuro y exprese su contribución en <u>Áreas de Realización</u> contará con un proyecto de vida. Jeffrey Pfeffer, uno de los profesores más reconocidos de la Universidad de Stanford, escribió en su libro *Leadership BS* que nuestra realidad trasciende si:[41]

- Medimos nuestro actuar y nos responsabilizamos por los resultados que producen nuestras acciones.
- Sabemos reconocer las diferencias entre nosotros mismos.
- Utilizamos métodos probados para facilitar esto.

Según Jim Collins de *Good to Great,* lo anterior se consigue a través de un proceso caracterizado por la disciplina, [42] tal como lo es nuestro modelo. El reconocimiento y la aceptación de las diferencias es un elemento central de la quinta dimensión y el camino hacia la felicidad de un ser humano. Para ejemplificar esto, compartiremos nuestras áreas de realización en la siguiente página.

---

[41] Jeffrey Pfeffer, «Leadership BS», *Harper Collins*, 2015.
[42] Jim Collins, «Good to Great», *Harper Collins*, 2001.

Alejandro Serralde

Alejandro Serralde Sr.	**Alejandro Serralde Jr.**
Liderazgo en consultoría	Seguridad de mis hijos
Reconocimiento autoral	Estabilidad familiar
Fuerza de innovación	Salud competitiva
Cultivo de la salud	Diversificación patrimonial
Aseguramiento del patrimonio	Competencias para una segunda carrera
Claridad y seguridad en la relación sentimental	Ocio productivo
Disfrute de la vida	Bursatilidad del conocimiento

En este ejemplo, se evidencia como mi padre y yo, con una misma profesión tenemos una filosofía totalmente distinta frente a nuestro camino hacia nuestra propia realización. Nos llevamos una diferencia de cuarenta años de edad. Posiblemente, elaboramos estas Áreas de Realización durante la misma época de nuestras vidas. Si bien nuestras prioridades son diferentes, la libertad ante nuestros prejuicios nos ha hecho respetarnos de forma mutua.

Alejandro Serralde

Para realizar tus propias Áreas de Realización, haz una reflexión de los logros que has tenido hasta la fecha. ¿Cuál es aquella característica que tienes y que te ha hecho quien eres hoy día?

Esta lista puede ser muy enriquecedora para obtener contexto de tus fortalezas. Adicionalmente, es importante que hagas referencia a tus propias preferencias. ¿Qué es aquello que te gusta tanto hacer y disfrutar?. Por último, hacer referencia a tus miedos te permitirá contextualizar aquello que no te gustaría hacer. En este sentido, el comienzo de tus <u>Áreas de Realización</u> deben contener listas de:

- Logros
- Preferencias
- Miedos

Después de hacer un primer boceto de las <u>Áreas de Realización</u> o establecer algunas, es importante hacer referencia a tu historia personal. ¿Qué te imaginas te ha llevado a convertirte en quien hoy eres? Por último,, harás una referencia a tus pendientes, ¿qué te falta por conc uir?. Tu segundo juego de <u>Áreas de Realización</u> deberá contener además:

- Historia personal
- Pendientes

Alejandro Serralde

¿Cómo establecer una cultura de Efectividad y Realización?

A continuación hemos querido compartir algunos ejemplos para visualizar cómo establecer un modelo gerencial basado en estos principios. Sugerimos elaborar dos columnas para establecer en una las <u>Áreas de Efectividad</u> y en la otra las <u>Áreas de Realización</u>. Incluimos entre paréntesis los Métodos de Medición de ambas.

Áreas de Efectividad	Áreas de Realización
Efectividad del equipo de trabajo (índice de efectividad)	Crecimiento profesional (# de casos de éxito en mi curricula)
Niveles de producción (% de cobertura de la producción)	Estabilidad familiar (% de días que puedo entregarme a mi familia por año)
Calidad ($ de desperdicio por mes)	Salud competitiva (% de desviaciones de los índices de salud)
Costo de producción (Producción / Costo)	Crecimiento patrimonial (% de crecimiento en activos netos)
Ahorros ($ de ahorros por mes)	Crecimiento cultural (# de nuevos países conocidos)
Nuevas destrezas técnicas en el equipo (# de empleados certificados en six-sigma)	Cultura familiar deportiva (horas por semana de actividades donde nos ejercitamos)
Seguridad (# de incidentes por mes)	Estabilidad de mi pareja (% de días sin pelear)

Alejandro Serralde

Índice de Reciprocidad

Hemos desarrollado un <u>Índice de Efectividad</u> que es producto de la cobertura que una persona tiene sobre sus objetivos derivados de sus propias <u>Áreas de Efectividad</u>. Adicionalmente hemos realizado la misma mecánica para obtener un <u>Índice de Realización</u> que permita expresar la cobertura que tiene una persona de sus objetivos de sus <u>Áreas de Realización</u>. Producto de la multiplicación de ambos índices (efectividad y realización), obtenemos el <u>Índice de Reciprocidad</u>. A continuación algunos ejemplos.

¿Incongruencia en los Índices de Reciprocidad?

Existen personas que logran un índice muy alto de efectividad y entregan todo lo necesario para cubrir todos los objetivos que se desprenden de sus Áreas de Efectividad. En esta misma persona puede existir alguien que no tenga cubiertos ninguno de sus objetivos de sus Áreas de Realización. Por consiguiente, hay un riesgo ante el desbalance que existe en la persona. La persona podría caer en la enajenación y en una crisis muy fuerte de identidad, ya que vivió toda su vida para trabajar. Cuando esto ocurre, vemos a personas:

- Excesivamente comprensivas con su forma de ver la vida.
- Poco eficaces en la ejecución de sus proyectos.
- Idealistas frente al futuro (el día que yo me retire, lo haré).
- Con dificultad para gozar de lo simple.
- Empedernidos del trabajo y desapegados de los resultados de su proyecto de vida.

Alejandro Serralde

¿Cuál es la causa de un desbalance del Índice de Reciprocidad?

Durante muchos años, he ido recopilando información aleatoria y he llegado a las siguientes conclusiones:

1. <u>No saben lo que quieren</u>: un gran número de profesionales no saben realmente lo que quieren. Tratan de responder a través de respuestas aprendidas. ¡Quiero un mejor puesto de trabajo!, ¡quiero ganar más dinero!. Llegan a un punto y después, quieren llegar a otro.
2. <u>No tienen método para explicarlo</u>: este tipo de personas tienen posiblemente más claridad de su propósito. Sin embargo, se enfrascan en describirlo a través de la filosofía y se pierden en el camino porque no tienen un método de materialización.
3. <u>Incongruencia</u>: posiblemente saben lo que quieren y lo pueden expresar. No obstante lo que dicen, no se parece a lo que hacen. Por ejemplo, dicen que su pareja es la fuente de realización pero trabajan veinte horas diarias.

Por estas tres razones, tratamos de educar a los gerentes para que puedan tener un trabajo de mentoría con mayor alcance. Si una persona no sabe lo que quiere, cualquier otro empleador le podría ofrecer la tierra prometida y automáticamente, comprar la idea.

Alejandro Serralde

¿Congruencia en los Índices de Reciprocidad?

Existen personas que logran un índice alto de efectividad y se comprometen para lograr los resultados de sus Áreas de Efectividad. Así mismo, planifican y logran muchos de los resultados de sus Áreas de Realización. Esto produce un balance de vida muy sano. La persona tiene sintonía de los ¿para qué? y logra coexistir en la misma persona, una armonía entre sus prioridades. Cuando esto ocurre, vemos a personas:

- Personas intuitivas.
- Saben contextualizar.
- Saben identificar diferencias entre las personas a través de varios ángulos.
- Flexibles frente a diversas posturas.
- Conscientes de sus propias capacidades.
- Gozan de la certidumbre de sus propias limitaciones.
- Reta de forma continua su posición existencial.
- Transforman los impactos hacia un propósito.

¿Qué sucede cuando una persona en un puesto gerencial logra enseñar esto a otros?

La alineación de nuestra metodología de las Áreas de Efectividad con las Áreas de Realización favorecerá a muchos gerentes como lo hizo con Gerardo. Esto les ahorrará, sin lugar a dudas, muchos dolores de cabeza, noches en vela y sufrimiento.

Hay muchos gerentes que he conocido que han sabido, de manera intuitiva (y no tecnocrática), aplicar estos conceptos y principios. Ellos han querido trascender en la vida y

Alejandro Serralde

ahorrarles el camino a nuevas generaciones y enseñarles que existe un camino alternativo.

El aprendizaje de Gerardo se resume en evitarles a otro lo que él vivió y encontró el camino de «hacer lo correcto» y «buscar ser feliz» a través de nuestra metodología. Gerardo y VCST nos pidieron difundir esta metodología en todas las posiciones de puestos de mando a fin de volverla un manual y un método de trabajo. A esto le llamamos *The* VCST *Management Way*. Se trata del legado del trabajo de Gerardo, Susana y todos los gerentes que hemos ido entrenando en VCST. Esperamos que lo implementen en su día a día, ya que creemos que nos podemos convertir en una cultura organizacional de referencia a nivel mundial.

¿Qué características encontrarás en gerentes que hagan lo correcto y cultiven estas prácticas en sus equipos?

Los cambios pueden ser fascinantes. Las personas que han vivido nuestros programas de desarrollo gerencial y experimentan esta forma de operar en base a Áreas de Efectividad y Áreas de Realización conectan de una manera diferente con su ecosistema.

Son personas que tienen la facultad de optar (en vez de decidir) y pueden estar o no estar en medio de un ambiente agresivo. Agregan la intuición para entender el devenir y desarrollan métodos para impulsar la energía humana. Tienen dominio sobre su tiempo y se separan de las rutinas y las banalidades. Además son capaces de influir en la conciencia de otros y guiar el impacto de sus acciones para la trascendencia.

Se apartan de la fuerza del deber ser como cláusula de inclusión e impulsan la fuerza del ser como base de relación en

Alejandro Serralde

la libertad. Además, son capaces de ver la vida como un privilegio. Recurren a la autoformación y a la ley de causa-efecto para crear mejores condiciones humanas. Hacen planes a largo plazo para construir un mejor mañana. Promueven la pluralidad en los equipos. Pueden cambiar su proyecto de vida al aceptar la realidad tal como viene. Cuestionan el conocimiento y los métodos de razonamiento para manejarse con éxito dentro del caos.

En resumen, son gerentes que logran trascender con éxito y dejan un legado en las organizaciones. Este legado es el mismo que nos interesa a Gerardo, Susana, el grupo de gerentes y a mí en la cultura de VCST.

Final

Alejandro Serralde

www.ingramcontent.com/pod-product-compliance
Lightning Source LLC
Chambersburg PA
CBHW070846260726
48661CB00004B/1260